AF359245

MARIAGE

Unité. — Indissolubilité.
— Nullités.

Idéal et type divin; Fonction religieuse et sociale; Histoire et Législation positive; Théologie, Exégèse, Philosophie, Médecine, Archéologie et Philologie, Droit civil, Droit ecclésiastique; Littérature; Esthétique.

Par HOROY,

Docteur en Théologie,
Docteur en Droit civil (Droit romain),
Docteur en Droit ecclésiastique,
Avocat Romain,
Etudiant de 2e année pour le Droit français, à la Faculté de Douai,
Docteur en Philologie grecque et latine, Archéologie et Histoire,
Docteur en Philosophie, Sciences, Mathém. et Physiques (Rome)
Docteur scientifique en Philosophie et Lettres (Liége),
Etudiant en Médecine.

PARIS

A LA LIBRAIRIE ECCLÉSIASTIQUE

AVENUE D'ORLÉANS, 32

—

1877

La défense des institutions jusqu'ici réputées les plus fondamentales de la Société est devenue une nécessité.

C'est à cette nécessite que répondent les pages qu'on va lire.

Il a fallu condenser ce travail, au risque de le rendre moins attrayant pour une lecture rapide. On a voulu en faire une *étude*, à laquelle on revient ensuite pour en mieux saisir l'argumentation et la solidité.

Et, en même temps, on a essayé de présenter le spécimen d'une méthode qui s'éloigne de la manière ordinaire et superficielle d'envisager les questions. Cette méthode pourrait être appelée *celle de la science totale* sur un sujet donné.

LA METHODE DE LA SCIENCE TOTALE

Les premiers hommes qui firent de la recherche de la science leur étude constante s'appelèrent, ou furent appelés *sages*. Ceux qui vinrent ensuite, sans être plus modestes, appréciant plus sainement les difficultés sans nombre qui s'opposent à la pleine possession de la science, se contentèrent de porter le nom d'amis de la sagesse, ou de *philosophes*.

Bacon, qui ouvre tout à la fois une voie nouvelle à la philosophie moderne et à la science, donne raison à ceux qui firent choix du nom de *philosophes* : il croit avoir à répudier, dans les acquisitions du passé, plus encore qu'il ne trouve à recueillir. Pour constituer la science définitive, le *Novum organum* est nécessaire, et il doit commencer par la partie négative, qui vise les résultats obtenus dans le passé, *pars destruens instaurationis*.

Descartes, voulant tout « ajuster au niveau de la raison, » commence par rejeter de son esprit, comme étant « composé de plusieurs pièces, et fait de la main de divers maîtres, » ce qu'il appelle « les opinions jusques alors reçues en sa créance. » Et, sa créance renferme ce qui était de son temps « le corps des sciences, » avec l'ordre établi dans les écoles pour les enseigner. » Il proclame l'ancienne philosophie vide et stérile ; il déclare que jusqu'à lui, rien n'a été fondé en philosophie.

Après Bacon et Descartes, les philosophes eussent dû changer de nom ; mais la langue était faite.

Ils devaient changer de nom, parce qu'ils sont devenus *les hommes de la recherche et de l'investigation* ; parce que l'investigation et la recherche s'appellent l'étude, et que l'*étude* seule s'applique à la fois aux principes, aux causes, et *à la série des faits*, (sur lesquels le *savoir* ne peut anticiper, puisqu'ils se produisent successivement) ; parce que la *science* se compose, à parties égales ou diverses, du savoir et de l'étude, et qu'en cela, elle répond mieux aux tendances modernes depuis Bacon et Descartes ; parce que la *science* proprement dite, de plus en plus, il est vrai, s'est créé un domaine à part, qui relève moins de Descartes, et plus de Bacon ; mais parce que le mot *science* est devenu, néanmoins, le terme plus compréhensif, et que l'usage y rapporte même la philosophie.

La *Méthode de la science totale* qui réunit, à parties égales ou diverses, l'étude et le savoir, convient à la recherche, à l'investigation, même la plus dégagée des « préventions » (expression de Descartes), ou des « idoles » (expression de Bacon).

L'homme, parvenu à l'âge où il se reconnaît capable d'investigation et de recherche, a le droit de discuter la légitimité du savoir acquis antérieurement ; mais il n'a pas la possibilité de renoncer au savoir acquis. Et aussi, nul savoir humain n'est dispensé de l'étude.

La même Méthode convient à l'exposition, c'est-à-dire à l'enseignement. Nul ne doit exposer, sciemment, comme partie du savoir, ce qui appartient à l'étude. Faire connaître ce qui appartient en propre à l'étude et ce qui appartient au savoir, c'est véritablement enseigner.

La science *totale* d'un homme, ou d'une génération, n'atteint jamais la science complète, absolue. Pour l'homme, être fini et borné, qui vit dans le temps et dans l'espace, la science totale provoque la recherche, l'investigation, l'étude ; la science absolue est l'inaccessible.

La science totale atteint, ou s'efforce d'atteindre ce que permet le maximum de l'effort scientifique à une époque déterminée.

La Méthode de la science totale admet l'observation et l'induction, l'analyse et la synthèse ; elle se défend de la précipitation ; elle veut l'ordre des pensées, qui passe du simple au composé, les dénombrements complets, qui assurent de ne rien omettre. Elle n'est point systématique ; elle se borne à n'être qu'un procédé.

Mais elle ne peut consentir à s'environner de ruines, *pars destruens*, sans rien faire au-delà. Elle emprunte à toute connaissance humaine ce que chacune peut nous apprendre. Elle bâtit, elle édifie. De plus, elle est militante, — c'est là son principal caractère, — et, sans cesse, elle répare la partie de l'édifice qui menace de crouler ; reconstruit une aile, un pavillon, un corps de logis ; modifie le plan primitif et le corrige, s'il en est besoin. En un mot, elle est profondément humaine, et fondée sur la connaissance de la nature de l'homme, de ses droits et de sa dépendance, ne niant pas ceux-là, n'exagérant pas celle-ci. Elle est la vérité, elle est le progrès ; nous disons : la vérité de la méthode conduisant au progrès de la science.

PHILOSOPHIE ET SCIENCE.

Dans sa première conférence de l'Avent, à Notre-Dame de Paris, le R.
P. Roux a parlé ainsi :

« En calibre et en profondeur, les intelligences d'aujourd'hui ne valent
pas les intelligences d'autrefois. Nous n'avons plus de Thomas d'Aquin,
ni d'Augustin, plus même de Newton et de Descartes. Le temps de Platon, de Socrate, d'Aristote est passé. On peut dire de nos esprits les plus
philosophiques, ce que Daguesseau disait de Cicéron : « Plus orateur que
« philosophe, il a montré qu'il savait mieux exposer les pensées des autres
« que penser lui-même. » Comme force, nous avons beaucoup dégénéré,
par cette raison singulière : des secours divers et multipliés font tout
arriver du dehors : ils empêchent les âmes de se fortifier par la culture
robuste de leur propre fonds. Cependant, si l'instruction, extrêmement
vulgarisée, a incontestablement perdu en profondeur, elle semble avoir
réparé ses pertes du côté de l'étendue. »

En d'autres termes, pour ce qui concerne la philosophie, elle est moins
dogmatique qu'expositive et historique. Et, gagnant du côté de l'étendue,
elle ne progresse pas en la même manière qu'aux temps antérieurs, alors
que de puissants chefs d'école tiraient de la culture robuste de leur propre
fonds, mais de cette seule culture, une force nouvelle de dogmatisme
qui suffisait aux besoins des esprits pendant un laps de temps déter-
miné.

Ce qui nous vient du dehors, dit le R. P. Roux, nous est un secours et
une entrave. Nous vivons au sein d'une activité intellectuelle immense,
et qui tient du prodige. Or, pendant que s'accomplissent ces travaux de
l'esprit, si considérables dans le temps présent, la presse, la vapeur, l'é-
lectricité, mettent à notre portée la parole, la pensée, en quelque endroit
qu'elles se produisent. Nous sommes aidés, mais emportés par ce grand
mouvement, d'où résultent des « effacements », l'effort individuel demeurant perdu, submergé.

Est-ce donc que la philosophie s'en va ? Est-ce qu'elle est déjà partie,
puisqu'elle n'existerait plus qu'à titre de souvenir ? L'histoire n'est que
le souvenir écrit. La philosophie simplement expositive et historique,
c'est la philosophie reléguée dans le passé. On écrit la vie de ceux qui ne
sont plus. Les annales humaines rapportent les faits accomplis, et n'ont
pas d'autre but.

Mais, si cela était, si la philosophie n'est pas vivante, d'où vient que
les contemporains s'attachent fortement, néanmoins, à ce nom de la philosophie ? D'où vient que la controverse, la lutte dans le domaine des
idées, est incessante, et que, de part et d'autre, on livre maintes batail-
les, n'ayant d'autre objet, en critique, en histoire, en littérature, dans
l'art, et partout, que la philosophie ? Est-ce que saisis par tant de préoc-
cupations et de problèmes contemporains, les vivants ont du temps de
reste pour se faire la guerre au sujet des fantômes et des spectres ?

Le R. P. Roux dit encore : De l'erreur naturaliste, partout répandue, ont jailli deux grandes prévarications, l'une intellectuelle : le faux, l'autre morale et pratique : l'égoïsme. Il faut reconnaître à ces signes la gravité du péril social...

Le conférencier de Notre-Dame nous paraît avoir décrit très-nettement le fait et les circonstances d'une transformation que nous avons signalée, et qu'il importe de mettre dans tout son jour. La philosophie garde son nom, à partir de Bacon et Descartes ; mais, parmi les conséquences du mouvement commencé par eux, il en est qui ne se sont produites que sous nos yeux, et c'est seulement au dix-neuvième siècle qu'une nouvelle dénomination adéquate serait possible. (V. le ch. précédent.)

Au reste, déjà le mot nouveau commence à supplanter le mot ancien ; on s'habitue, dès à présent, à faire rentrer le mot Philosophie dans cet autre plus compréhensif, la Science.

En effet, est-ce que, parmi nous, dans les questions d'enseignement, les partisans exclusifs de l'Université d'Etat reprochent aux catholiques de n'avoir point de philosophie ? Non : mais ils disent : nous avons *la science* ; l'humanité a marché en avant ; les pouvoirs publics ne peuvent permettre qu'il soit possible, sous prétexte de liberté politique, d'abaisser le niveau intellectuel d'une grande nation.

Est-ce que les apologistes rencontrent devant eux cette objection : vous n'entendez rien à la philosophie ? Non, mais on leur objecte que la foi a contre elle, *la science*, dont les principes et les déductions ne peuvent être rejetés.

N'avez-vous pas vu, d'autre part, la maison Hachette publier et rééditer un livre, qui est comme le monument durable de la philosophie contemporaine, sous le titre de Dictionnaire *des sciences* philosophiques, et non Dictionnaire de la philosophie ?

Est-ce que l'influence de Comte et de l'école positiviste, fort grande assurément, mais niée bien souvent par ceux qui l'ont subie, cette influence que l'on retrouve, à des degrés très-divers, dans une foule d'écrits et de *cours parlés*, ne tient pas à cet ensemble d'idées : que toutes les sciences, dans leurs progrès à travers le temps, se dirigent vers l'état positif ; que la science positive est la propriété particulière du dix-neuvième siècle ; que le fait le plus simple, et par suite le plus général, c'est le nombre ; que la science la plus élémentaire et la plus universelle, celle qui se retrouve dans toutes les autres, ce sera la science du nombre ; que si l'on joint aux lois du nombre celles de l'étendue, on passe à la géométrie, puis à la mécanique, et le reste ; que les propositions des sciences les plus élevées se résolvent en une proposition mathématique, et que le monde se résout en éléments matériels et mécaniques ?

Ceux qui ne connaissent pas Comte et l'école positiviste, qui n'ont jamais entendu parler plus de celle-ci que de celui-là, ont retenu cependant, comme un axiome des temps modernes, que la philosophie ne peut-être désormais que rétrograde ou absorbée par la *science* ; que notre siècle est *positif*, et vit intellectuellement par les mathématiques. La tendance naturaliste actuelle, présente, découle de là.

Quant à l'ancienne philosophie, bien que son nom soit conservé encore, le nom même qu'elle porte devient une cause de confusion et d'erreur. La philosophie n'est plus la philosophie ; on la cherche ailleurs.

La partie du mouvement philosophique actuel qui ne relève pas de Comte (et qui n'est pas la philosophie catholique) admet *pratiquement* les conséquences tirées de ses déductions,... à moins qu'elle ne se borne à être expositive et historique.

De là cette nécessité première, si l'on veut parler de la philosophie, de s'expliquer d'abord sur la situation présente et réciproque de la philosophie et de la science. Faute de cela, on n'arrivera pas à s'entendre, ou même on sera volontairement injuste et volontairement exposé à errer.

Toutefois, Comte ne sera ni le guide incontesté de la philosophie, ni même, ce qui est plus digne de remarque, le guide incontesté de l'école fondée par lui. Il a systématisé l'histoire, pour l'accommoder à ses théories. Il a condamné la métaphysique, sans la connaître. S'il n'a pas nié Dieu, c'est par l'effet d'une crainte au moins assez bizarre, celle de s'affirmer « théologien » par la négation. Mais il a NOMMÉ le fait de *l'étendue donnée par notre siècle au savoir*, de ses aspirations pour le transformer en science positive, au risque de s'égarer plus d'une fois avant d'atteindre le but, de son dédain pour la science incomplète, ou réputée par lui incomplète, et c'est pourquoi, en nommant un fait, Comte nous rend le service d'aider à expliquer ce qui demeurerait obscur et mal défini.

(Pour les développements de la Méthode de la Science Totale, V. la *Correspondance Catholique*, années 1876 et 1877).

MARIAGE

§ 1. Théologie dogmatique, morale, disciplinaire, doctrinale, ritualiste et symbolique, spéculative.

1. Le mariage des chrétiens est un sacrement et confère la grâce. Cette proposition appartient au dogme catholique : « Si quis dixerit matrimonium non esse vere et proprie unum ex septem legis Evangelicæ sacramentis à Christo Domino institutum, neque gratiam conferre, anathema sit. » Conc. Trid. sess. XXIV, can. 1.

De ce canon dogmatique du concile de Trente découlent les canons disciplinaires contenus dans le même chapitre.

2. Tenant le milieu entre les canons suivants, exclusivement disciplinaires, et le premier canon exclusivement dogmatique, le deuxième canon fixe la loi morale qui régit le mariage : « Si quis dixerit licere Christianis plures simul habere uxores et hoc nulla lege divina esse prohibitum, anathema sit. » Can. 2.

Le canon moral tire son élévation de son objet, qui n'est point la proposition du dogme au nom du Magistère divinement institué dans l'Eglise, mais qui est connexe au dogme et qui le détermine au point de vue de la perfection à laquelle doit tendre l'individu. Le canon disciplinaire tend directement au bien de la société : il dirige avec autorité les personnes comme membres de la société : il demeure dans une dépendance moins étroite du dogme ; il définit en matière de préceptes divins et naturels.

3. Le canon 2ᵉ n'est pas purement disciplinaire ; il tire de sa connexion avec le canon dogmatique de l'institution divine par le Christ. Notre Seigneur, son invariabilité absolue. Il prend dans sa nature propre, c'est-à-dire dans la prédominance des caractères du canon moral, sa puissance de direction des sujets engagés par le mariage dans les voies de la sainteté.

4. La doctrine s'exprime ainsi par l'organe du Docteur suprême et juge suprême en l'Eglise : — Sont condamnées les propositions qui suivent : « Nulla ratione ferri potest Christum erexisse matrimonium ad dignitatem

sacramenti, Syllab. 65. Vi contractus mere civilis potest inter Christianos constare veri nominis matrimonium, Syllab. 73. Matrimonii sacramentum non est nisi quid contractui accessorium ab eoque separabile, Syllab. 66. »

5. La doctrine de l'école parle par S. Thomas : « [Matrimonium] est viri mulierisque conjunctio maritalis retinens individuam et perpetuam vitæ consuetudinem, » Summ. Suppl. quæst XLIV. Cette définition est celle de Justinien, a laquelle deux mots seulement sont ajoutés : « maritalis, perpetuam. » Le même S. Thomas dit encore : « In definitione ponitur indivisio, quæ pertinet ad sacramentum, » Suppl. quæst, XLIX ; « Bona matrimonii sunt fides, proles et sacramentum, » ibid.

Le Catéchisme du concile de Trente, rédigé par l'ordre et sous la surveillance des souverains Pontifes, reproduit la définition Justinienne, la définition de S Thomas, et y ajoute : « Inter legitimas personas, » entre personnes habiles à contracter.

Le mariage des chrétiens est donc, selon la doctrine de l'école, l'alliance ou l'union légitime, élevée à la dignité de sacrement, par laquelle un homme et une femme s'engagent à vivre ensemble, pour le reste de leurs jours, comme mari et comme épouse   a).

a) Tout sacrement produit sa grâce propre : tel efface le péché, tel nourrit l'âme.... La grâce d'union des esprits et des cœurs est celle du sacrement de mariage. C'est Dieu qui opère cette union, et elle ne peut être produite sans une grâce particulière : Ne séparez pas ce que *Dieu a uni*.

6. Le mariage, en tant que sacrement, a été institué par J.-C. comme le signe de son union avec l'Eglise, et il y a attaché des grâces spéciales pour l'avantage de cette société et des enfants qui en proviennent. Plusieurs rituels prescrivent au prêtre cette allocution qu'il adresse aux époux :

« Le mariage des chrétiens est une société sainte qui se forme d'après
« les lois de l'Eglise, que le Sauveur des hommes a consacré par sa grâ-
« ce, et que l'Apôtre appelle un grand sacrement, grand à cause du mys-
« tère dont il est le symbole : Il représente l'union de J.-C. avec son
« Eglise »

7. Les enseignements ritualiste et symbolique ouvrent la voie aux spéculations les plus relevées :

A. Dieu existe de toute éternité, et, dans sa fécondité, le Père engendre le Fils, qui est son Verbe, inséparable du Père, égal au Père qui l'a engendré, c'est-à-dire, infini. Par une spiration ineffable, la troisième personne divine procède des deux premières, et s'appelle, à cause de cette spiration, l'Esprit, égal au Père, égal au Fils, c'est-à-dire infini. « Definimus, disent les Pères du concile de Florence, dans le décret d'union des Grecs avec l'Eglise Latine, Spiritum ex Patre et Filio tanquam ab uno principio et una Spiratione procedere. » — B. Dieu a donné à l'homme la puissance d'engendrer, qu'il n'a pas donnée à l'ange, et une paternité, qui est l'image de celui qui est en lui. Le père de l'humanité en était aussi le chef, et

il lui appartenait de fixer les destinées de sa race. Toute l'humanité était
en ce premier homme sorti des mains de Dieu. Jamais puissance paternelle
ne fut, dans la suite, comparable à celle-là. Dans cette paternité éminente était renfermée toute paternité particulière des siècles à venir. Mais le
Père de l'humanité ayant encouru la déchéance, l'un de ses descendants,
qui serait le Fils de l'homme et le Messie, lui a été substitué. Ce descen-
dant attendu et promis, le Fils de l'homme, a reçu l'onction d'en-Haut,
qui l'a fait Christ; il a reçu la grâce capitale qui l'a fait le Messie. A cause de cette grâce capitale, tous doivent être entés en lui: il est le cep de
vigne, et il communique la vie aux branches. Tous doivent renaître en lui :
« Oportet nasci denuo. » Adam lui-même et les patriarches'qui ont attendu
sa venue recevront de lui la vie : « Ego sum vita. » — C. Le Fils de l'homme
à qui ont été conférées la qualité de Messie et la grâce capitale, par laquelle
il a été fait le Chef et, s'il est permis d'employer ici cette expression du
Droit romain, le « pater-familias » de l'humanité, au lieu et place du premier homme devenu, « capite minutus », par la grande diminution de tête,
n'est autre que le Verbe divin s'abaissant jusqu'à l'humanité. — D. Le Verbe
a épousé cette humanité. Mais l'humanité, dont il est le Chef, au lieu et
place d'Adam, se perpétue par le mariage. C'est pourquoi il fallait que
le mariage rappelât à l'humanité le plan divin, rappelât Dieu, sa nature,
son essence, l'origine de l'homme, sa chute, la rédemption ; qu'il rappelât
Celui en qui tous doivent renaître, Celui dont la vie se communique à toute chair, parce qu'il est le tronc d'où part la sève, qui se répand en tous
ceux qui sont entés en lui. C'est pourquoi le Chef nouveau de l'humanité,
le Christ, substitué à l'antique Adam, n'accorde à l'époux le privilége des
justes noces, c'est à-dire l'autorité paternelle légitime, et la femme non seulement « in manus », mais devenant la chair de sa chair et l'os de ses os,
que par le mariage élevé à la dignité de sacrement, que par le mariage
symbole de l'union du Christ avec son Eglise, et fournissant sans cesse à
cette Eglise des membres nouveaux qui seront entés sur le Christ et vivi-
fiés par le Christ, notre Seigneur Jésus. a)

a) *Théologie exégétique.*

M. P. A. Martin-Lacroix, avocat, vient de publier récemment, à Tours, chez Cat-
tier sous le titre de *Code du mariage d'après l'ancien et le nouveau Testament* un
opuscule qui se borne à quelques textes et quelques conclusions: « Masculum et femi-
nam creavit eos, » Gen. I, 27. « Et adduxit eam ad Adam, » II, 22 : Ce n'est donc pas la
loi civile qui crée le mariage ; le mariage était institué bien avant l'existence de toute société civile ; la loi civile ne peut que constater l'état de mariage entre l'homme
et la femme et en régler les effets civils. — « Et erunt duo in carne una, » II, 24. Unité
et indissolubilité. — « Crescite et multiplicamini, » 28. C'est là le premier objet, l'objet
actuel du mariage. Mais il y en a un autre plus grand, plus élevé, c'est la plé-
nitude du nombre des élus: « Donec compleantur conservi eorum et fratres
eorum, » Apoc. VI, 11 Ainsi la propagation de l'espèce, but immédiat et présent de l'union conjugale, n'est en réalité que le moyen dont il a plu à Dieu de
se servir pour peupler le Ciel, et voilà le véritable but, la fin dernière du mariage.
— Cette fin ne pouvait être atteinte par les moyens ordinaires dont disposait l'humanité. En lui proposant un but surnaturel, Dieu lui devait le secours d'une force
surnaturelle : elle se trouve dans la grâce sacramentelle. Le dernier mot de

toutes les œuvres de Dieu, c'est la sanctification de l'homme : « Hæc est voluntas Dei sanctificatio vestra, » 1 Thess. IV, 3. La sanctification réciproque de l'homme et de la femme, l'un par l'autre, est un des devoirs principaux du mariage, I Cor. VII, 14. Comme l'Eglise, et en son nom, la famille est établie pour veiller sur la vie spirituelle du nouveau-né.

§ 2. Philosophie psychologique, morale, spéculative, connexe au dogme, sociale.

8. Le souci de la perfectibilité humaine personnelle est imposé à chacun par la philosophie, aussi bien que par la religion. C'est une loi de l'individu, à laquelle le sexe, la condition, la situation de fortune ou d'infortune, ne permettent pas d'échapper. La condition de l'époux, la condition de l'épouse n'y sont point un obstacle, et il ne s'agit pas d'un privilége de la richesse.

Le chef de la famille qui a le souci de sa propre perfectibilité comprend que la femme, sa compagne, est soumise à une loi pareille. La femme, pour accomplir sa fonction dans l'humanité, n'a pas besoin d'abdiquer le désir et la recherche de sa propre perfection. Les aspirations vers le beau, le bien, le vrai, les aspirations vers la perfection et la sainteté doivent être comptées parmi les affirmations les plus véhémentes du moi psychologique, de son identité, de sa responsabilité, c'est-à-dire de sa liberté.

Le mariage ne detruit point la liberté du moi, et il atteste, pour l'observateur philosophe, l'impossibilité absolue de jamais mêler et confondre le moi humain et le non-moi, quelque puissante que soit l'affectivité, quelque étroite que puisse être la solidarité, quelque fort que soit ou que l'on prétende, à certaines heures, le désir de confondre le moi et le non-moi. L'heure du réveil et de la persistance du moi vient toujours à sonner après les instants ou les quarts d'heures dans lesquels on avait juré de l'anéantir. Les esprits superficiels ne comprennent ni le fait, ni ses causes. a).

a) On n'a jamais, pensons-nous, tiré argument, soit contre les théologiens des diverses religions, notamment de l'Inde, soit contre certains philosophes, dont le mysticisme prétend arriver à l'anéantissement du moi, de ce fait, si remarquable, de sa persistance assurée, indéniable, jusque dans les transports, nous dirions presque les « extases » d'une union où, de chaque côté, l'abdication de la personnalité propre devient, moment même, en vue de l'union plus complète, un rêve et un désir, dont l'intensité surpasse celle du même rêve et du même désir chez les disciples de ces philosophies et de ces religions.

9. De la persistance du moi et du non-moi, de la juxta-position de ces deux volitions qui ne peuvent se confondre, que l'expérience démontre de part et d'autre sujettes au changement, à l'instabilité, la conclusion légitime ne saurait être le mariage dissoluble, mais bien la réciprocité des

devoirs, qui s'ajoute à l'obligation personnelle de perfectibilité, consecu-
tive de la perception, par la conscience psychologique et la conscience
morale, du vrai, du beau et du bien.

10. La spéculation nous donne du mariage un idéal que Platon semble
avoir entrevu dans le *Phèdre*, où, toutefois, il ne s'agit pas de l'union
conjugale, et où la différence même de sexe n'est pas prise en considéra-
tion pour le développement de la thèse. Socrate y rappelle que l'âme est
immortelle : Ψυχὴ πᾶσα ἀθάνατος, cap. XXIV. Il la déclare capable de
contempler la justice, la sagesse, la science : καθορᾷ μὲν αὐτὴν δικαιοσύνην,
καθορᾷ δὲ σωφροσύνην, καθορᾷ δ'ἐπιστήμην, cap. XXVII. Il ne veut pas
qu'un lien naisse ou soit formé entre deux âmes, s'il est de nature, à
empêcher l'une d'arriver à sa propre excellence, à lui nuire en l'éloignant
de la science divine :... φθονερὸν δὴ ἀνάγκη εἶναι, καὶ πολλῶν μὲν ἄλλων συνουσιῶν
ἀπείργοντα καὶ ὠφελίμων, ὅθεν ἂν μαλίστ'ἀνὴρ γίγνοιτο, μεγάλης αἴτιον Ελάβης, μεγίστης
δὲ τῆς ὅθεν ἂν φρονιμώτατος εἴη· τοῦτο δ'ἡ Θεία φιλοσοφία τυγγάνει ὄν, cap. XV. Si
l'on n'a pas ces idées, il lui paraîtra que l'on n'a jamais vécu que parmi des
matelots rudes et grossiers : εἰ γὰρ ἀκούων τις γεννάδας τύχοι... πῶς οὐκ ἂν οἴει
αὐτὸν ἡγεῖσθαι ἀκούειν ἐν ναύταις που τεθραμμένων, cap. XXI. Le lien des âmes doit
être basé sur la Divinité, et tendre à une imitation plus parfaite de la Divinité: οἱ μὲν οὖν Διὸς Δῖόν τιν' εἶναι ζητοῦσι τὴν Ψυχὴν τὸν ὑφ'αὐτῶν ἐρώμενον· σκοποῦσιν
οὖν, εἰ φιλόσοφος τε καὶ ἡγεμονικὸς τὴν φύσιν, καὶ ὅταν αὐτὸν εὑρόντες ἐρασθῶσι, πᾶν
ποιοῦσιν ὅπως τοιοῦτος ἔσται... Ποιοῦσιν ὡς δυνατὸν ὁμοιότατον τῷ σφετέρῳ θεῷ. ὅσοι
δ'ἂν μεθ' Ἥρας εἵποντο... εἰς ὁμοιότητα καὶ τῷ θεῷ, ὃν ἂν τιμῶσι, ὅτι μάλιστα πειρώμενοι
ἄγειν οὕτω ποιοῦσι, cap. XXXIII. a) b)

a) Ce n'est pas l'idéal trop élevé sur l'union des âmes, formée en vue d'une ressemblance plus grande avec la Divinité, ce n'est pas l'idéal Platonique, ce n'est pas
la sévérité de la morale chrétienne qui éloigne du mariage, c'est la dépravation
des mœurs publiques. Parmi les philosophes anciens, ce n'étaient pas les Stoïciens
qui détournaient les hommes du mariage, c'étaient les Epicuriens. Le luxe porté à
son comble, qui rend l'entretien d'une famille très-dispendieux, et fait regarder
comme une partie du nécessaire le superflu le plus insensé ; l'ambition des pères
qui veulent que leurs enfants soutiennent le rang de leur naissance et montent
encore plus haut ; la fureur d'habiter les grandes villes et le dégoût pour les occupations innocentes et modestes de la campagne ; le faste des femmes, leurs pré-
tentions, leur incapacité pour élever des enfants ; le ton d'empire qu'elles affectent,
la licence de leur conduite, voilà les causes qui empoisonnent les mariages, en
troublent la paix, en dégoûtent ceux qui n'y sont pas encore engagés. *Dict.* Théol.
dogm. revu par Pierrot, art. Mariage.

b) Le célibat religieux, le célibat de perfection, n'a rien de commun avec le célibat
libertin ; il ne contredit pas, mais il confirme ce qui est dit ici, puisqu'il est la
recherche de l'union avec Dieu par une perfection plus haute.

11. Les natures créées, purement spirituelles, que nous appelons les
anges, ont chacune leur excellence propre. Mais nulle union de l'une avec
l'autre ne complète l'une par l'autre, de façon à les conduire, par là, à cette
plus parfaite imitation et ressemblance de la divinité que réclame Platon. A
l'homme seul, il est loisible de développer dans l'isolement de sa confiance

en ses propres forces, et sous l'œil de Dieu, la perfection de sa propre
nature, en courant les risques de la faiblesse mêlée à sa force, ou de rap-
procher de son excellence propre, et par un libre choix, par un choix
éclairé, une autre excellence qui complète la sienne, selon la théorie de
Platon.

Cette idée spéculative du mariage, si haute et si relevée, s'appuie sur
Platon et découle de ses paroles, sans être directement sienne dans le
Phèdre, nous l'avons dit. L'unité et l'indissolubilité du mariage en sont
la conséquence, l'époux étant à l'épouse, et réciproquement, l'aide donné
pour atteindre la ressemblance divine, et pour accomplir la loi de perfectibilité qui ne cesse qu'avec la vie, c'est-à-dire avec la consommation
de l'épreuve.

12. La philosophie exclusivement catholique et connexe au dogme, dont
elle fait son point de départ, articulera plus nettement que Platon ce
qu'il a simplement entrevu. Elle dira que le mariage forme la société
élémentaire ou l'élément social ; mais elle rappellera que cette société
élémentaire est établie sur le modèle de l'union de J.-C. avec l'Eglise.
Puis, elle dira que cette union de J.-C. avec l'Eglise a pour but la sanctification de l'Eglise, qui est la société totale, et celle des individus qui
la composent ; que la sanctification de l'Eglise par la grâce vient de
J.-C. seul, et qu'elle est le but unique de l'union de J.-C. avec l'Eglise ;
que la société élémentaire doit être coordonnée avec la société totale, et
ne peut avoir un but différent ; que, dès lors, les époux contractent
nécessairement l'obligation de travailler à leur sanctification réciproque
en J.-C., à celle des enfants à naître ; mais qu'ils n'ont point en eux la
grâce qui sanctifie, et ne la reçoivent que par le sacrement institué pour
la communiquer. Ainsi sera démontrée, par la philosophie connexe au
dogme, l'obligation de la perfection dans le mariage et par le mariage, de
la sanctification par J.-C. et en J.-C., afin d'arriver à la coordination de
la société élémentaire avec la société totale.

13. Beckedorf, cité par Mgr de Ketteler, dit : « La famille, l'Etat et
l'Eglise sont les trois institutions où l'homme commence, poursuit et
achève sa carrière terrestre, toutes trois d'origine divine, c'est-à-dire
établies par Dieu. » *Das verhœltniss* von Haus, etc. Berlin 1849. Ce que
Mgr de Ketteler commente de la sorte :

« Comme la famille est la base naturelle de l'Eglise et de l'Etat, le
mariage est à son tour le fondement de la famille. Tout ce qui affermit
ou ébranle le mariage consolide aussi ou dégrade la société domestique.

« Il était réservé au Christianisme de restituer au mariage le rang où
Dieu l'avait placé, en le mettant à l'abri des instincts mauvais et des
funestes passions du cœur humain. On ne peut rien imaginer de plus
sublime que le mariage, tel que l'entend l'Eglise, et rien sur la terre
n'exerce une action plus bienfaisante qu'une famille fondée sur cette idée
du mariage. Si toutes les unions étaient conclues selon l'esprit du
christianisme et de l'Eglise, si les principes qu'ils enseignent y étaient
fidèlement observés, on verrait disparaître la plupart des maux qui affli

gent l'humanité. C'est par la base et non par le sommet qu'il faut commencer l'œuvre de la coastruction et du perfectionnement de la société. Quand on veut bâtir, on commence par poser les foudements. Or, le mariage chrétien est le fondement de l'ordre social.

« Les deux grands principes qui constituent le mariage chrétien sont l'unité de l'homme et de la femme et l'indissolubilité du lien conjugal. En ce qui concerne l'indissolubilité, il suffit de se rappeler que le mariage a pour but d'offrir à l'homme, au milieu des nécessités de toute nature qui assiégent son enfance, une institution aussi parfaite que possible. Or, le mariage ne peut remplir ce but que s'il est indissoluble. Ce n'est pas seulement dans le cours général de sa vie, et alors qu'il peut trouver une protection devant les tribunaux que l'homme est menacé par les passions de ses semblables : depuis le début de son existence jusqu'au moment où il quitte la famille, il est exposé à des dangers sans nombre...

« Il serait cruel, dit-on, de vouloir asservir au lien conjugal des cœurs que l'amour ne peut plus contenir ; mais n'est-ce pas une cruauté mille fois plus révoltante de sacrifier les enfants aux passions de leurs parents, de porter atteinte au bien général et de ruiner les fondements d'une institution pour quelques exceptions malheureuses et coupables ? Dieu ayant fait dépendre du mariage l'existence des enfants, les parents qui ne veulent pas violer les lois de la nature sont obligés, en vertu de ces mêmes lois, de remplir les conditions sans lesquelles la vie des enfants ne saurait être un bienfait...

« La vie de famille, telle que Dieu l'a établie pour faire l'éducation de l'homme, n'est possible que lorsque le mariage est sanctifié, lorsque tous les instincts pervers en sont bannis, et lorsque les parents eux-mêmes s'inspirent et se dirigent d'après la sublime idée de l'indissolubilité du mariage. (*Liberté, autorité, Eglise*, par Mgr de Ketteler, év. de Mayence, ch. XXIX, Paris, 1862). a) b) c)

a) Le mariage a la bénédiction divine : le rituel l'appelle la seule des bénédictions primitives qui continue de subsister après le péché originel et le déluge, « Ea benedictione donatur quæ sola nec per originalis peccati pœnam nec per diluvii est ablata sententiam. »

b) Avec le divorce, plus de sécurité pour les affections, plus d'attachement solide, plus d'espérance pour la vieillesse ou l'infirmité, plus de constance pour supporter les peines de l'éducation des enfants. *Dict. Theol.* Pierrot.

c) *Médecine spéculative, expérimentale.*

La médecine n'est pas un appendice, mais elle doit être un auxiliaire de la philosophie, et peut être les philosophes de profession l'ont-ils trop négligée. Sa place est marquée ici surtout.

Citons Roussel et le Dr Cerise, son annotateur : « En continuant d'analyser les affections particulières à chaque sexe, on verrait peut-être que celui qui semble fait pour avoir tous les goûts, pour en changer continuellement, a dû se plier avec moins de facilité que l'autre à des institutions qui lui montrent un objet exclusif dans lequel il est obligé de concentrer tous ses sentiments, qui tendent à enchaîner une volonté toujours fugitive, et à fixer ce que tant de choses

concourent à rendre si mobile. La nature ne devait pas prévoir nos arran-
gements civils... Le même intérêt qui a voulu qu'il y eût une association
constante entre les deux sexes, a aussi exigé des femmes des sentiments
plus stables... Quoi qu'il en soit, c'est sur cette base chancelante que re-
pose tout l'édifice de la société. » *Système physique et moral de la femme,*
1re partie, ch. IV, édition Charpentier, 1856. — Sous cette phraséologie du
18e Siècle, Roussel nous dit que l'analyse médicale philosophique conduit
à l'unité, à l'indissolubilité du mariage. — Le Dr Cerise ajoute cette note :
« En supposant que l'état de société ne fût pas le seul naturel à l'homme,
quel serait le sort de la femme ? où serait son abri dans sa faiblesse ? En
réglant les conditions de dépendance réciproque, les droits et les devoirs
d'époux, l'institution du mariage est éminemment protectrice de celle-là
même qui, dans l'état de nature [prétendu et hypothétique], vieillirait
abandonnée. La mobilité serait surtout à craindre chez l'homme, qui,
dégagé de toute obligation envers celle qu'il aurait un moment honorée
de son choix, ne suivrait d'autre loi que celle de ses passions brutales. »
— La conclusion est la même pour l'unité et l'indissolubilité.

Un autre ouvrage médical, le *Manuel* de Mme Messager, (3e éd. 1857),
entre davantage dans le domaine des faits et de l'expérience, en discu-
tant les chiffres d'un Rapport fait au conseil général des hospices civils
de Paris : « Sur 1720 femmes aliénées retenues à l'hospice de la Salpétrière,
397 seulement étaient mariées, tandis que 1,276 se trouvaient dans l'état
de non-mariage, savoir 980 célibataires, 291 veuves et 5 divorcées, ce qui
établit une différence *en plus* pour les femmes non mariées, de 779.
L'état civil des 47, qui restaient pour compléter le nombre total était
inconnu. De nouvelles informations prises [postérieurement à la date du
Rapport invoqué ici comme témoignage de haute importance] ont prouvé
que cette différence, loin d'avoir diminué, n'a malheureusement fait
qu'augmenter. On pourrait croire, au premier abord, que c'est la continen-
ce, c'est-à-dire la privation des plaisirs sexuels, qui occasionne la plupart
des maladies dont souffrent un si grand nombre de femmes qui vivent
dans le célibat ; *mais il n'en est point ainsi, c'est l'état de non-engagement
positif*, c'est-à-dire la vie passée hors le mariage ; et ce qui le prouve
sans réplique, c'est que les femmes qui vivent dans la dissolution ne sont
pas exemptes des maladies propres a celles qui vivent dans le célibat absolu, et que celles qui deviennent mères en dehors de l'union légale en sont
tout aussi fréquemment atteintes que les célibataires. » — Conclusion donnée par l'expérience et par la clinique spéciale de la Salpétrière : Ce
n'est pas la maternité seule qui est dans l'ordre de la nature, qui est
nécessaire à la femme pour échapper à ce trouble profond des facultés
intellectuelles, dans lequel on doit reconnaître beaucoup moins une mala-
die, un cas pathologique, qu'une déviation ou un oubli de la loi qui
régit l'espèce, ce qui est nécessaire c'est l'engagement positif c'est-à-dire,
encore une fois, l'unité et l'indissolubilité du mariage.

§ 3. Philologie, Archéologie, Histoire.

13. Le mariage reçoit différents noms, aussi bien chez nous que chez les
Anciens. Si nous avons les mots : Mariage, Noces, Hymen, les Latins font

usage des suivants : Matrimonium, Conjugium, Nuptiæ, Hymen, Thala-
mus, Tæda, Connubium, Concubinatus, Contubernium. Plusieurs de ces expressions indiquent les rites ou les circonstances accessoires du mariage,
comme Nuptiæ, à cause du voile (nubere), Tæda, qui signifie proprement
le flambeau. Les autres ont en quelque sorte la valeur d'une définition. Le
mot Conjugium, communauté de joug, semble avoir inspiré le langage
do Portalis disant : « Le mariage est la société de l'homme et de la femme, qui s'unissent pour s'aider à porter le poids de la vie et partager leur
commune destinée. La fonction de la maternité, Matris munus, assigne
au mariage sa raison d'être au sein de l'humanité : c'est ce que l'on indique par le mot Matrimonium, qui est le mot générique le plus étendu,
contenant et renfermant tous les autres. Le Connubium est la faculté de
former l'alliance qui constitue la famille Romaine selon le droit Quiritaire :
c'est une circonstance dans le genre. Le Contubernium, cohabitation de
l'esclave, est une espèce dans le genre : il ne fonde pas la famille, parce-
que l'esclave n'en a pas ; il ne peut produire que la consanguinité. Le
Concubinatus est également une espèce ; il se rapproche de l'union fortui-
te, parce que le concubinat, même contracté entre citoyens romains, ne
produit pas les effets civils; et il s'en écarte grandement, puisqu'il est
défini par le Code : Licita consuetudo, *Ad sc. Orf.* lib. VI, tit. XLVI, 5 ;
ce à quoi le Digeste ajoute : Quia concubinatus per legem nomen assump-
sit, extra legis pœnam est, lib. XXV, tit. VII, 3

15. Les grecs emploient συζυγία, σύζευξις, συνοίκησις, λέκτρον, λέχος, pour
rappeler les mêmes idées de vie commune qui sont renfermées dans le
mot Conjugium. Les expressions νύμφευμα, mariage, νύμφευσις, action de
donner en mariage, νύμφια et νύμφεια célébration du mariage, ont une ana-
logie manifeste avec νέφος, nuage, voile, et par suite avec Nubere des Latins. La tradition de la femme au mari, et, par là même, l'autorité des
ascendants sont indiquées par ἔκδοσις. Mais le mot γάμος est le mot générique le plus étendu, et celui d'où dérive toute une série de composés :
γαμήλευμα, célébation du mariage ; δι ou τριγαμία, deuxième ou troisième mariage ; ὑπεργαμία, mariage subséquent ; λαθρογαμία, mariage clandestin ;
ὀψιγαμία, mariage tardif ; ἐπιγαμία, droits résultant du mariage ; θεογαμία,
mariage des dieux entre eux ; θνητογαμία, mariage des dieux avec les mortels : ces derniers composés sont inventés pour les besoins de la mytholo-
gie.

16. Il est digne de remarquer que γαμέω, se marier, épouser, se dit seulement de l'homme, tandis que pour la femme, on emploiera γαμέομαι.
Le sens véritable et primitif de γαμέω, verbe actif, est : Sibi adjungere,
avec le mot sous entendu: Uxorem. Il arriva ensuite, disent les scholiastes,
que l'on ne se contenta plus de sous-entendre, et que l'on écrivit : γυναῖκα,
γαμεῖν, c. f. *Thesaurus* Didot, ce qui atteste d'autant mieux le sens, et la
réserve du mot γαμέω pour l'homme seul prenant une compagne.

D'où il nous semble résulter, entre γάμος et Matrimonium, une nuance
dans l'idée, bien qu'il s'agisse d'un même fait.

L'homme se complète, suivant le sens biblique, par le γάμος, Sibi uxorem adjunxit. Mais il est seul en vue, et même le : Crescite et multiplicamini, reste un point secondaire, relégué dans l'ombre. Au contraire, le Matrimonium met en vue la femme, Matris munus, et par elle l'enfant, la famille, qui chez les Romains sera constituée avec une si grande puissance.

Le Matrimonium répare l'inégalité existante dans la condition des sexes : « Le commerce conjugal, dit Bergier, éd. Migne, ne laisse à l'homme aucune incommodité : la femme demeure seule chargée des suites, des langueurs de la grossesse, des douleurs de l'enfantement, de la peine de nourrir son fruit. [Dieu] aurait été injuste à son égard. Il faut donc que le mariage rétablisse une espèce d'égalité entre les deux sexes. »

Concluons : Le Matrimonium nous apparaît comme plus positif, moins platonique que le γάμος ; il est organisé en vue de la cité, comme institution fondamentale de la cité.   a)

a) Le récit biblique nous montre l'homme se complétant par la femme : Adjutorium simile sibi, *Gen.* II, 18, et l'unité d'origine : Os ex ossibus, *v.* 23, se fortifiant par l'unité de libre choix, d'où sortira toute la race : Relinquet homo patrem et matrem et adhærebit uxori et erunt duo in carne una, *v.* 24. Platon, on l'a vu, vante la perfection d'une âme qui se complète par une autre âme; mais, s'éloignant du plan divin, et trop indulgent pour des mœurs que nous ne voulons pas désigner plus clairement, il demande pour l'âme du philosophe l'amitié des beaux adolescents. C'est pourquoi, il n'a fait qu'entrevoir un idéal. Les anciens Romains, avec un sens philosophique moindre, avec un sens social plus profond, ont mieux compris que la race grecque la valeur d'une institution qui est la base des autres institutions. La Philologie peut retrouver ces instincts de races dans le langage : Matrimonium, γάμος.

17. Les Grecs ont introduit dans l'Olympe le mariage, et même l'adultère. Ils n'y ont pas donné place à la famille. Ils n'ont pas donné place au mariage fécond, continuant d'engendrer des dieux et peuplant le ciel. Quelques dieux, nés des plus anciens, ne remplissaient pas le ciel. Jupiter et d'autres dieux ont engendré jadis; mais la filiation s'arrête, et la paternité ne se renouvelle pas.

Les Romains n'eurent pas assez conscience de leur originalité propre, et ils n'eurent pas assez d'imagination créatrice pour modifier le monde de l'Olympe, en le rendant plus conforme à leurs idées particulières.

18. Les Grecs représentaient l'Hyménée sous la forme d'un jeune homme couronné de fleurs, parmi lesquelles les marjolaines et les roses, tenant à la main droite un flambeau, à la gauche un voile couleur de feu. Tantôt, ils en faisaient un dieu, et tantôt un jeune Athénien qui avait été le plus heureux des époux, et dont le nom répété dans des hymnes, au jour des noces, était un gage de bonheur. Les Grecs regardaient comme la cérémonie la plus essentielle du mariage de mettre la main de l'épouse dans celle de l'époux.

Les Romains attribuèrent à Thalassius le rôle donné en Grèce à Hyménée : c'était un époux heureux dont la mémoire s'était conservée ; c'était un dieu invoqué au jour des noces. Le voile couleur de feu, Flammeum, le flambeau, Tæda, (qui différait de la torche, fax), se retrouvent à Rome, où le pain de froment, Farreus panis, a une grande importance dans le mariage solennel. Mais ces formalités, suivant la remarque d'Ortolan, étaient distinctes du mariage, qui n'en exigeait aucune, les Romains n'ayant pas érigé la célébration du mariage en acte public, et laissant complétement ce contrat dans la classe des actes privés. La tradition de l'épouse était toutefois nécessaire, et le mariage était au nombre des contrats réels.

Chez les Grecs, l'archéologie relative au mariage se résume en une question de symboles et de poésie. Chez les Romains, elle est mêlée à une question de droit et de jurisprudence.

19. Divers auteurs disent que le mariage romain avait lieu par confarréation, par coemption et par usucapion. Suivant Dalloz, « le mariage *usucapione* avait lieu lorsqu'une femme avait habité pendant un an entier avec un homme dans la vue du mariage, sans qu'il y eût eu une interruption de trois nuits, et la loi qui consacre ce mariage, dit-il, est la 43ᵉ des Douze-tables. Elle a été citée par Aulu-Gelle et par Macrobe. » (*Répertoire de jurisprudence générale*, art. *mariage*, nᵒ 23.) Mais Ortolan veut que l'on se garde ici de toute méprise : le but de ces trois modes du mariage « n'était pas de *marier* les conjoints, mais seulement de donner la *manus* au mari, » c'est-à-dire l'autorité maritale pleine, ce qui est bien différent (*Explication historique*, *des Inst.* tit. XI).

Ceci est un chapitre de l'histoire du mariage romain. Le mariage grec n'a point d'histoire.

20. Le mariage propose aux âmes amoureuses de perfection et d'idéal un idéal qui est rarement atteint, et que nous avons exposé d'après la théologie, et d'après la philosophie. L'histoire est loin d'être, en toutes choses, la réalisation de l'idéal proposé à l'humanité.

Le mariage impose des devoirs et des charges qui ne manquent jamais, alors que souvent l'idéal fait défaut. Aux époques de corruption ou de lâcheté, on déserte l'institution du mariage, comme on déserte le devoir. Les récits bibliques nous disent que le déluge fut l'épouvantable punition de la corruption du mariage. L'histoire nous apprend également qu'à l'époque d'Auguste et des premiers empereurs, le monde romain succombait plutôt encore par la désertion du mariage que par les attaques des barbares.

21. Si nous consultons les statistiques pour la France, — les statistiques sont une histoire chiffrée, — nous verrons croître, à Paris surtout, le nombre des enfants naturels, ce qui implique l'augmentation du nombre des unions illicites. Car les unions passagères et fortuites exercent une influence relativement assez restreinte sur le nombre des naissances.   a)

a) Les *Annuaires* de Guillaumin attestent, pour la France, une moyenne d'environ 70,000 enfants naturels par an. Et, à Paris, le tiers des naissances totales donne chaque année le nombre des enfants naturels. Ces chiffres authentiques sont une explication de bien des faits contemporains.

En présence de chiffres qui attestent une situation particulière et profondément regrettable de la société contemporaine, quelques écrivains ont provoqué ou suivi un mouvement de l'opinion en faveur des enfants et des mères. Plusieurs voudraient pour les enfants les avantages de la légitimation sans le mariage. Il en est d'autres qui demandent pour la mère les indulgentes facilités du concubinat romain, aboli par les empereurs chrétiens, cessant à quelque époque que ce fût, par la volonté des deux parties ou d'une seule, sans qu'il y eût divorce, c'est-à-dire accomplissement de formalités nécessaires, sans qu'il fût utile d'envoyer un acte de répudiation. Ils feraient rétrograder les mœurs ; ils reviendraient à des temps d'où le progrès du bien nous a tirés. Eux aussi, ils laisseraient volontiers l'union de l'homme et de la femme dans le domaine des contrats privés, sans intervention soit de la puissance publique, soit de la religion, et, au besoin, ils sauraient déclarer la femme bien et dûment *usucapée* par la possession d'un an, sans interruption de trois nuits.

22. La Commune de 1871 a tenté de rendre à la femme *usucapée* un prestige que la société continue de lui refuser. La femme usucapée a péroré dans les clubs, ou du haut des chaires, dans les églises; elle s'est promenée, avec le sabre et le revolver au côté ; elle a fait le coup de feu contre les Versaillais ; elle a quitté l'aiguille pour le chassepot, et s'est fait tuer pour la cause de l'usucapion : c'est là le plus récent épisode, un peu marquant, de l'histoire d'une institution que l'Eglise catholique sauvegarde, en l'appelant un *sacrement.*   a) b) c)

a) St Grégoire pape, qui avait rempli les fonctions de préteur de Rome, commente ainsi ces paroles de l'Evangile : Le royaume du ciel est semblable à un roi qui fit les noces de son fils : « L'union conjugale se forme entre deux personnes ; mais gardons-nous de croire qu'en J.-C., *notre Dieu et notre Rédempteur*, il faille reconnaître une dualité de personnes. La doctrine sûre est celle qui nous apprend que le Père fit les noces de son Fils lorsque, par le mystère de l'Incarnation, il lui donna la sainte Eglise pour épouse. Le sein de la Vierge sa mère fut son lit nuptial, et c'est pourquoi le psalmiste dit : Il s'avance comme l'époux qui quitte le lit nuptial. » *Homil.* 33. L'histoire doit constater ce langage du Préteur romain devenu Pontife. Le Droit ancien a cessé d'offrir le prototype des justes noces ; ce type est en J.-C. il n'est plus dans la cité terrestre, il est dans le ciel : c'est la pensée de St Grégoire.

b) Bien que l'idéal soit un but, et que le fait, c'est-à-dire la réalité, s'en éloigne plus d'une fois, il était impossible que l'idéal chrétien ne produisit pas ses résultats, qui sont acquis à l'histoire. Lisez la vie de Ste-Cécile, mariée et néanmoins honorée comme Vierge ; gagnant son époux à la virginité et au désir du martyre, le soir de ses noces ; près de laquelle se tient un ange, gardien de sa chasteté, durant sa prière. Quelle suavité, quel parfum céleste environne ces époux, qui ne sont rapprochés l'un de l'autre que pour connaître les saintes extases de la virginité!— Lisez la vie de S. Arnoult et de Ste Scariberge, telle que nous l'avons rapportée ailleurs quelle beauté idéale, au milieu d'un peuple et dans un temps qui appartiennent à la barbarie! « S. Arnoult étant marié à Ste Scariberge, nièce de Clovis, tous deux résolurent de garder la virginité ; c'est ce que rapportent les écrivains ecclésiastiques. Ste Scariberge, dont l'époux devient pontife et plus tard martyr, éprouve pour le saint, durant sa vie, et pour sa mémoire quand il n'est plus, un respect que rien n'affaiblit. Le respect de l'épouse croît avec la sainteté de l'époux. Elle l'ensevelit avec une pieuse vénération, et déjà lui rend un culte dans son cœur avant celui que lui accorderont les générations qui l'invoquent comme un saint. Tout mariage chrétien devrait marcher dans ces voies. L'époux, le père, est entré jeune dans l'union conjugale. Est-il besoin d'affirmer qu'à 20 ans, à 25 ans peut-être, il était perfec ible. mais non parfait ? Si les années ont mûri son expérience, et s'il a développé en lui la sagesse, je veux dire avant tout la sagesse chrétienne, ses cheveux blancs seront honorés, ses fils lui seront soumis, sa femme joindra à la tendresse une confiance inébranlable et une vénération qu'elle aura fait partager depuis longtemps à sa jeune famille. Mais où sont ces jeunes hommes qui ont le souci de la destinée humaine ? Sont-ils nombreux ? Où sont les jeunes hommes qui ont assez le respect de la femme pour souhaiter que son premier désir soit celui de sa perfection propre, c'est-à-dire celui de la sainteté et des vertus chrétiennes, à l'exemple de saint Arnoult, l'époux de sainte Scariberge ? La société dans laquelle nous vivons est malade, dit-on ; c'est dans la famille, son élément formateur, qu'il faut la régénérer. C'est au foyer domestique que chacun de nous, sous sa responsabilité personnelle, morale, chrétienne, patriotique, est tenu d'introduire cette régénération qui refait et reconstitue les grandes nations, qui arrête la décadence d'un peuple, qui rend les fils dignes des pères. » (*Le mariage chrétien*).

c) Nous devons à l'obligeance de M. La Roue, chef des bureaux de la mairie du 1er arrondissement de Paris, quelques renseignements sur la légalité des mariages civils durant la Commune : 1° Toutes les justifications à fournir pour arriver au mariage ont été rigoureusement exigées au 1er arrondissement pendant la Commune, comme en tout autre temps ; 2° Jamais les futurs époux n'ont été dispensés de produire le consentement notarié des parents, alors même que ceux-ci habitaient dans les départements ou à l'étranger ; 3° Dans aucun des mariages, le cas ne s'est présenté de faire des publications en province ; 4° Les mariages ont été déclarés *tous* valables, soit après transcription signée des parties et d'un officier d'état civil compétent, soit après jugement ; 5° Les ministres du culte se trouvent, en fait, avoir béni les mariages avant qu'ils fussent civilement validés par l'intervention de l'officier d'état civil compétent.

§ 4. Droit Romain.

23. Ulpien formule la loi des justes noces, qui exigent, en droit romain, la puberté, le consentement des époux, celui du chef de famille et des ascendants, lorsque les époux sont *in potestate*, enfin le *connubium* (*Reg.* V, 2). Si l'une de ces conditions fait défaut, les justes noces n'existent pas. Toutefois, la puberté survenant pour la femme tandis qu'elle habite avec son mari, les justes noces commencent d'exister (*Dig.* XXIII, 1, 4). Donc, trois espèces de nullités ou d'inexistence des justes noces, dont l'une peut disparaître ultérieurement.

Et, de même, les justes noces n'existent jamais sans le consentement réel des époux, mais le chef de famille peut donner ultérieurement le consentement qu'il n'a pas donné d'abord. D'autre part, les enfants du père de famille en démence contractent les justes noces sans son consentement (*Cod.* V, IV, 25). Depuis Auguste, qui veut favoriser le mariage, le refus non motivé du chef de famille n'empêche pas de passer outre (*Dig.* XXIII, II, 19). Le fils de famille contracte encore valablement après trois ans de captivité du chef de famille (*in cod.* 9, 3, 1). Le fils de famille est même exempté de ce délai, lorsqu'il forme une union que le père aurait dû raisonnablement approuver. Les mêmes règles sont aussi appliquées pour le cas d'absence (*in cod.* 10). La règle posée par Paul n'est donc pas absolue en ce qui concerne le consentement du chef de famille : « Nuptiæ non possunt consistere nisi consentiant omnes, id est qui coeunt, quorumque in potestate sunt » (fr. 2. *Dig.* de ritu nupt.) Le même Paul a dit ailleurs : « Eorum qui in potestate patris sunt, sine voluntate ejus matrimonia jure non contrahuntur, sed contracta non solvuntur» (*Sent.* II, xix, 2).

24. Justinien reproduit les mêmes dispositions relatives à la puberté, au consentement (*Inst.* I, x, princ.); mais il remplace le mot « connubium » par ceux-ci, qui sont plus compréhensifs : « secundum præcepta legum. » Les justes noces existent entre individus pubères et nubiles, s'il y a consentement et habileté reconnue par la loi, « præcepta legum. » Le Connubium est désigné par ce mot : la loi.

Point de Connubium pour l'esclave (Ulp. *Reg.* V, 5) ; pour celui qui est engagé dans une première union (*Cod.* V, v, 2) ; pour le castrat (*Dig.* XXIII, iii, 39) ; pour la vestale, et, à une date plus récente, pour l'evêque, le prêtre, le diacre et le sous-diacre (*Cod.* I, iii, 45) ; pour ceux qu'unit la parenté civile, *agnatio*, la parenté par le sang, *cognatio*, l'alliance, en ligne directe à l'infini, en ligne collatérale jusqu'à certain degré (*Inst.* I, x, 1 et s.). Donc, premièrement, cinq causes de nullité ou d'inexistence des justes noces, qui rentrent dans l'espèce du Connubium, et dont la troisième peut-être couverte par le consentement de la femme.

25. Les justes noces sont encore interdites par motif d'honnêteté publique, et non par une affinité quelconque, entre le fils et la femme qui aurait été fiancée au père, et réciproquement, « Nuptiæ contrahi non possunt » (*Dig.* XXIII, ii, 12) ; par mesure d'ordre public, entre le fonctionnaire dans une province et une femme de la même province, « Matrimonium non erit » (*in cod.* 23, 57, 63) ; entre le tuteur ou son fils et la pupille de moins de 26 ans (*in eod.* 36. 59, 66) ; par mode de pénalité, entre la femme condamnée pour adultère et son complice, « Neque matrimonium valere jubemus » (*Nov.* CXXXIV, c. 12) ; entre le ravisseur et la victime du rapt Alii cuilibet, præter raptorem, legitime conjungentur... nec sit facultas raptæ raptorem suum sibi maritum exposcere » (*Cod.* IX. xiii, §. 1) ; par motif religieux, de Valentinien à Justinien, entre chrétiens et juifs : « Ne quis christianam in matrimonium judæus accipiat, neque judææ christianus conjugium sortiatur, nam adulterii vicem hujusmodi crimen obtinebit » (*Cod.* I, ix, 6) ; par motif politique, jusqu'aux lois Julia Pappia Poppæa, entre ingénus et affranchis (*Dig.* XXIII, ii, 43) ; et, depuis ces lois jusqu'à Justinien, entre sénateurs, ou fils de sénateurs, et des femmes soit affranchies, soit qui n'auraient pas droit à l'estime par leurs mœurs ou leur condition (*Nov.* CXVII, c. 6).

Donc, cinq autres motifs déterminés par la loi, ou causes tirées de la loi « Secundum præcepta legum », qui s'opposent aux justes noces. La première, peine qui atteint les *nuptiæ prohibitæ*, c'est toujours la nullité. Justinien le rappelle dans ses Instituts : « Sunt et aliæ personæ quæ propter diversas rationes nuptias contrahere prohibentur. Si adversus ea quæ diximus aliqui coierint, nec vir, nec uxor, nec nuptiæ, nec matrimonium, nec dos intelligitur... et alias pœnas patiuntur » (I, x, 11 et 12).

26. La femme doit attendre pour contracter un nouveau mariage après la dissolution du précédent (*Cod.* V, ix, 2) ; mais il n'y aurait pas nullité si elle devance : la pénalité est l'infamie.

La Nov. LXXIV, modifiée par la Nov. CXVII, prescrit pour les hautes dignités la confection de l'instrument dotal antérieurement aux noces, et pour tous autres, à l'exception des pauvres, des agriculteurs et des soldats, l'obligation de faire déclaration du mariage, au moins, devant le *defensor Ecclesiæ*. C'est une tentative d'établissement de la preuve en matière de justes noces. Ce n'est pas une prescription de la loi tendante à créer un cas d'inexistence des justes noces.

27. Là où les justes noces ne peuvent exister, le concubinat, union licite, peut quelquefois trouver place.

Le mariage du droit des gens est supérieur au concubinat. Il ne peut être dissous sans les formalités du divorce. C'est un véritable mariage, mais qui disparaît à partir de Caracalla.

Le concubinat peut faire place aux justes noces, s'il est dressé un *instrumentum dotale* pour constater cette transformation, et si aucune loi relative aux justes noces n'y pouvait mettre obstacle au temps de la conception des enfants, qui deviennent légitimes (*Cod.* V, xxvii, 10 et 11).

Le mariage du droit des gens faisait place aux justes noces et donnait la cité à la pérégrine épousée par un Romain, dans le cas de l'*erroris causæ probatio* (Gaïus, *Comment.* I, 67, 68).

28. Le mariage est annulé, rompu, dissous par le divorce ; par la perte de la liberté, de quelque façon qu'elle arrive ; par la captivité, du moins pendant la période classique du droit, sans que le *jus postliminii* puisse rendre au conjoint, à son retour, ses droits antérieurs.

29. En droit romain, les justes noces sont un privilége. Ce privilége est ébranlé par la loi Canuleia ; mais il faut arriver jusqu'à Justinien pour que les dernières restrictions cessent à l'égard des personnes entre lesquelles les justes noces sont permises.

Les justes noces du droit romain sont exclusivement un moyen de constituer l'autorité aux mains du *pater-familias*. Elles sont corrélatives à l'organisation de la cité. Là où le droit de cité n'existe pas, le *contubernium*, le concubinat, le mariage du droit des gens sont licites, mais sont réputés des faits qui ont cessé d'intéresser directement la puissance publique.

Quoi qu'il en soit, le droit romain a laissé sa forte empreinte sur le mariage.   a)

a) Malgré le relâchement survenu dans les mœurs par la suite des temps, les Romains ont toujours gardé l'unité dans le mariage. Une tentative de Valentinien dans le sens de la pluralité est restée sans effet.

§. 5. Droit canonique.

30. L'Eglise, à son tour, marque de sa puissante empreinte le mariage. Elle réprouve le concubinat, qui disparaît. Elle écarte des justes noces l'idée de privilége et s'applique à en faire ressortir le côté moral et la sainteté. Elle ne refuse pas au Contubernium la valeur des justes noces. Cependant, elle n'ébranle pas l'autorité du *pater-familias*, ni l'organisation de la cité. Mais elle prend, au sein de la cité politique et au dehors de la cité politique, ceux dont elle compose la Société chrétienne, ordonnée en vue du Ciel, auquel tous doivent tendre. Durant des siècles, elle garde, par le mariage, la tutelle des mœurs et, par le mariage, la famille et la Société relèvent de l'Eglise.   a)

a) « Lorsque le Christianisme arriva, le mariage était le moins solennel des contrats: nulle cérémonie religieuse ou civile n'était nécessaire pour en assurer la validité. La communauté apparente d'habitation et de possession d'état était une preuve suffisante de son existence... Vers la fin de la république (Romaine), c'est à peine si l'on se mariait, la corruption des mœurs, la soumission des femmes esclaves, l'égoïsme produit par les malheurs publics, avaient dégoûté les romains du mariage. » *Dict. Theol. mor.* Pierrot.

31. Le droit canon établit 1º des prescriptions de la loi, qui s'opposent au mariage à conclure, et cependant n'invalideront pas le mariage s'il vient à être conclu, et 2º il formule, en outre, des règles dont la violation entraîne la nullité du mariage.   a)

a) « Le droit canon applique le mot *ratum* au mariage considéré comme sacrement, pour le distinguer du mariage des infidèles, qui n'est qu'un contrat. » *Dict. Theol. mor.* Pierrot.

On lit dans les *Decret. Greg.* lib. IV, tit. xix, c. 7 : « Nam etsi matrimonium verum inter infideles existat, non tamen est ratum; inter fideles autem verum et ratum existit, quia sacramentum fidei quod semel est admissum nunquam amittitur, sed ratum efficit conjugii sacramentum.»

[*N.* On a signalé comme peu exactes les expressions du Droit canon « empêchements dirimants et prohibitifs, » attendu que le dirimant ne dirime pas, mais EMPÊCHE de contracter le *verum matrimonium*, et que le prohibitif, *impediens*, n'empêche pas, mais laisse subsister le mariage contracté. Toutefois, Bellarmin a fait cette remarque fort juste que l'empêchement dirimant dirime en réalité un mariage contracté *de facto*, si ce n'est *de jure*].

32. L'empêchement, *impediens* lie la conscience, et, pour les timorés, il crée une nullité antérieure, (à moins qu'il n'y ait dispense). Cette nullité antérieure résultait anciennement de la pénitence publique, de l'inceste, du rapt, de la mort donnée au conjoint, du meurtre d'un prêtre, de la tentative de mariage avec une religieuse, de l'empêchement de catéchisme (produit par l'office de parrain dans les cérémonies du baptême),

dc a qualité de parrain de son propre enfant : ces causes sont tombées en désuétude, ou supprimées par le droit postérieur. C. f. *Summa Instit. Can.* Ferrari, n° 359.

L'empêchement *impediens* continue d'exister : comme suite du vœu simple, *Decret. Greg.* lib. IV, tit. VI, cap. 3 et 6, — in 6°, lib. III, tit. XV, cap. 1 ; comme suite des fiançailles, *Decret. Greg.*, IV, II, 4, — in-6°, IV, I, 1 ; comme suite de la défense, et, si cette défense vient du souverain Pontife, elle sera un empêchement dirimant, lorsqu'elle sera faite *Cum decreto irritante,* mais la défense de l'évêque, ou de tout autre, n'a pas cet effet, quelles que soient les clauses apposées, *Decret. Greg.* IV, III, 3 ; et enfin, à raison du temps prohibé, qui n'empêche que les solennités du mariage, *Conc. Trid.* sess. XXIV, cap. 10 de Reform. Ces quatre empêchements *impedientia* sont les seuls qui soient cités aujourd'hui par les canonistes et les théologiens.

Il y faudra, cependant, ajouter l'empêchement d'hérésie, *Grat.* 2ª pars, causa XXVIII, q. 1, can. 15 et 16 ; le défaut de consentement des parents, *Conc. Trid.* sess. XXIV, c. 1, de Reform. ; le défaut d'un état libre manifeste et dûment certifié, comme il arriverait pour la femme dont le mari absent serait mort, sans qu'on eût l'attestation régulière du décès, *Decret. Greg.,* IV, I, 19 ; le défaut de publication des bans, qui aura même pour effet, si un cas de nullité du mariage vient à se découvrir, de lui enlever les avantages du mariage putatif, et de laisser aux enfants l'illégitimité, *Conc. Trid.* ubi supra, — *Decret. Greg.* IV, III *de Clandest. Desp.* 3, § 1 ; enfin, l'ignorance des éléments de la foi, l'excommunication, l'état de péché mortel, attendu que le mariage des chrétiens est un sacrement, et que ces trois choses rendent incapable de la réception des sacrements.

33. Les nullités reconnues par le droit canonique sont de droit naturel ou de droit ecclésiastique ; elles sont produites par douze causes qu'énumère S. Thomas, *Summa Theol.* Suppl. L, 1, (auxquelles les canonistes et les théologiens modernes ajoutent, en les portant à quinze,) savoir :

L'erreur, avec ou sans dol, antécédente ou concomitante, ayant pour objet la personne ou les qualités dont l'absence constitue une erreur dans la personne, *in eod.* LI ;

La condition, c'est-à-dire la situation d'esclave d'un conjoint, lorsqu'elle est ignorée par l'autre conjoint libre, *Summa,* suppl. LII, 1, — *Decret. Greg.* IV, IX, 4 ; mais la servitude postérieure au mariage ne rompt point le mariage, comme le voulait le droit Romain, *Thom.* suppl. LII, 3 ;

[*N.* Sous le même nom, *Conditio,* les canonistes examinent la question du mariage conditionnel, et plus encore des fiançailles conditionnelles, dont S. Thomas ne parle pas *ex professo* sous le titre des empêchements, mais à la *quæst,* XLVII, 5. La condition doit être distinguée du mode ; elle est relative au passé, au présent, ou à l'avenir ; elle est possible ou impossible ; elle est potestative, casuelle ou mixte. Or, la condition relative au passé ou au présent est de nulle valeur, pour ou contre la question de validité ou de nullité ; mais elle suspend l'usage. La condition du futur honnête et possible suspend les fiançailles, mais empêche toutefois d'autres fiançailles nouvelles, et il y a controverse pour savoir si elle empêche le mariage ou l'annulle. La condition impossible rend nulles les fiançailles et laisse subsister le mariage, où elle est réputée non écrite et non intervenue. La condition contraire aux trois biens du mariage, *Thom.* suppl. XLIX, 2, savoir la fidélité, la génération, le sacrement, annulle le mariage, *Decret. Greg.* IV, v, 7, — *id.* 1, xxiii, 8.] ;

Le vœu solennel, qui annulle le mariage à contracter, qui rompt et dissout le mariage contracté et non consommé, *Thom.* suppl. LIII, 1, 2, — *Conc. Trid.* sess. XXIV, can. 6, 9, — *Decret. Greg.* III, xv, 1 ;

La parenté, ou mieux la *cognation*, qui est naturelle, spirituelle, ou civile : la cognation naturelle produit la nullité du mariage en ligne directe à l'infini, en ligne collatérale jusqu'au 4ᵉ degré canonique, *Decret. Greg.* IV, xiv, 8 et 9 ; (le droit canon compte les frères au premier degré, les cousins germains au deuxième degré, et, s'il n'y a pas un nombre égal de descendances dans chaque ligne, c'est d'après la plus éloignée qu'est compté le degré) ; le commerce illégitime ne produit pas la cognation, mais l'affinité ; la cognation spirituelle a été restreinte, par le concile de Trente, 1° aux seuls parrains, au baptisé ou confirmé, aux père et mère de celui-ci, 2° au baptisant ou confirmant, au baptisé ou confirmé, aux père et mère de celui-ci, *Conc. Trid.* sess. XXIV, de Reform. cap. 2, — Gratian. 2ᵃ pars, causa XXX, q. 1 ; la cognation civile est la suite de l'adoption parfaite ou adrogation, elle produit la nullité entre l'adoptant et l'adopté ou ses descendants, entre l'adopté et les enfants légitimes ou naturels de l'adoptant, entre l'adopté et le conjoint de l'adoptant, le tout à la condition que *l'émancipation* ultérieure n'a pas soustrait l'adopté à la puissance de l'adoptant, mais il y a controverse pour l'adoption simple, c'est-à-dire qui ne transfère pas la puissance à l'adoptant, *Gratian.* 2ᵃ pars, causa XXX, 1, cap. 2, et vi, — *Decret. Greg.* IV, xii, 1 ;

L'affinité, ou parenté d'alliance, qui existe même en dehors du mariage, et lorsque la femme aurait été l'objet de la violence : Cette parenté d'alliance n'a point de degrés qui lui appartiennent en propre : elle prend ceux de la cognation, elle annulle le mariage jusqu'au même degré, que la cognation, soit en ligne directe, soit en ligne collatérale si elle résulte du mariage légitime ; quand l'affinité n'est pas le résultat du mariage légitime, elle s'arrête au deuxième degré collatéral ; [On reconnaissait jadis trois affinités : avec la femme de mon frère, j'avais l'affinité première ; si elle se remariait, j'avais avec son mari l'affinité deuxième ; et si celui-ci se remariait, j'avais avec sa femme la troisième affinité. Mais la première seule est maintenue par S. Thomas. *Thom.* suppl. LV, — *Gratian.* 2ᵃ pars, causa XXXIII, q. 5, — *in eod.* Arbor consanguinitatis, Arbor affinitatis, — *Decret. Greg.* IV, xiv, 5, — *in eod.* IV, xiii, 6, — *Conc. Trid.* sess. XXIV, cap. iv, de Reform.] ; enfin, l'affinité postérieure au mariage, contractée par commerce illicite, ne rompt pas le mariage, mais empêche le coupable de réclamer les droits du mariage, *Decret. Greg.* IV, xiii, 1 ;

L'honnêteté publique ou quasi-affinité, sorte d'alliance qui est causée par les fiançailles valides, ou par le mariage *ratum*, non *consummatum* : la nullité du mariage est restreinte au premier degré lorsque l'honnêteté publique provient des fiançailles, et elle s'étend jusqu'au 5ᵉ degré lorsqu'elle provient du mariage *ratum non consummatum* : l'honnêteté publi-

que ou quasi-affinité est perpétuelle, et subsiste lors même que les fiançailles ont été rompues par le commun accord, ou par tout autre motif
raisonnable ; mais elle ne rétroagit pas, tandis que l'affinité rétroagit,
Gratian. 2ª pars, causa XXVII, q. II, 14 et 15, — *Conc. Trid.* sess. XXIV,
cap. 3, de Reform., — *Pius* V, Bull. ad Romanum, — in 6°, IV. I, cap.
unic. et § 1 ;

Le crime, c'est-à-dire l'adultère et l'homicide, soit l'un, soit l'autre seul,
soit les deux réunis : de l'adultère seul résulte la nullité si le mariage
n'était pas ignoré, et si, du vivant du conjoint, il y a eu tentative de mariage entre les coupables, ou promesse avec serment de mariage futur,
Gratian. 2ª pars, causa XXXI, q. I, cap. 3, 4 ; la séparation entre époux
quoad torum, ne modifie pas le droit sur ce point, c'est-à-dire que cette
séparation ne change rien à la conséquence, au point de vue de l'empêchement, *Decret. Greg.* IV, VII, 4 ; du seul homicide contre le conjoint
résulte la nullité du mariage subséquent, si la mort a suivi réellement la
tentative, si tous deux sont complices, si le mariage futur a été le but de
l'homicide, *Gratian.* loc. cit. cap. 5 ; de l'adultère et de l'homicide réunis,
résulte la nullité du mariage subséquent, même si l'un des deux seulement a donné la mort au conjoint avec intention du futur mariage, et que
l'autre soit resté dans l'ignorance à cet égard, *Decret Greg.* IV, VII, 3
et 6 ;

La violence, qui se confond ici avec la crainte, laquelle est interne et
affecte le consentement : le contrat ordinaire qui manque du *consensus
liber* peut être annulé ; le mariage qui n'est pas contracté avec le *consensus liberrimus* n'est pas seulement annulable, mais nul : toutefois, la
crainte doit être grave, inspirée en vue du mariage, et procédant d'une
cause injuste, *Decret. Greg.* IV, I, 14, 15, 28 ;

La disparité de culte, qui a lieu par le mariage d'un chrétien avec un
infidèle, non avec un hérétique, *Thom.* suppl. LIX, 1.: La disparité venant
après le mariage entre infidèles, et par la conversion de l'un d'eux, celui-ci
peut demeurer avec le conjoint, même s'il se trouve un empêchement de
droit ecclésiastique, mais non en cas d'empêchement de droit divin, *in
eod.* 3, 4, : le conjoint converti qui se sépare du conjoint « infidèle et ne
consentant pas à cohabiter pacifiquement, sans outrager Dieu, » pourra
contracter un nouveau mariage, et le premier sera dissous par le deuxième,
parce que le premier sans le baptême n'est pas le *matrimonium ratum*,
in eod. 5 ;

L'ordre sacré, à commencer par le sous-diaconnat ; mais il ne dirime pas
le mariage antérieur, *Conc. Trid.* sess. XXIV, can. 9, — *Gratian.* 1ª pars,
distinct. XXVII, 8, — *Extrav. Antiquæ* Joan. XXII ;

Le lien, c'est-à-dire un mariage précédent, encore subsistant, *Decret.
Greg.* IV, XXI, 2, — *Conc. Trid.* can. 2 ;

L'impuissance, qui vient de l'âge ou de la constitution physique, qui
est perpétuelle ou temporaire, antécédente ou subséquente, absolue ou
respective : S. Thomas veut que l'impuissance causée par l'âge rentre
dans la cause générale du défaut de consentement, *propter defectum ra-
tionis*, Suppl. LVIII, 5 : l'impuissance antécédente, absolue, perpétuelle
annulle tout mariage : l'impuissance perpétuelle, antérieure, relative,

annulle le mariage auquel elle s'applique: l'impuissance temporaire, même antécédente n'annulle pas, de même que l'impuissance subséquente ; l'impuissance n'est pas la stérilité ; l'impuissance n'amène la nullité qu'au moyen de la sentence déclaratoire, et après procès, les époux pouvant consentir à la continuation de l'habitation commune, *tanquam frater et soror*, *Decret Greg.* IV, ii, 3,11, — *in eod.* IV, xv, 1, 26,— *in eod.* IV, xv, 5

a) S. Augustin déclare, avec raison, le mariage une question très-difficile, ou très-embrouillée, « quæstio intricatissima. » On comprend cette expression.

34. Dans un autre chapitre que celui qui contient l'énumération des causes de nullités, ou, pour parler le langage canonique, des empêchements dirimants, S. Thomas traite des effets de la folie furieuse, *furia* qui annulle le mariage, si le mariage n'est contracté dans un intervalle, lucide, et par conséquent si la folie ou si la démence est perpétuelle et absolue, *Thom.* suppl. LVIII.

Ceux des canonistes modernes qui ne comptent que quatorze empêchements dirimants, et non douze, comme S. Thomas, ou quinze, comme le plus grand nombre des modernes, omettent celui-ci. Ils traitent la matière en parlant du consentement, et c'est là aussi qu'ils examinent si le sourd-muet est *amens* relativement au mariage, ce qui est résolu négativement.

35. S. Thomas dit de la lèpre : Elle rompt les fiançailles, non le mariage. Toutefois, le conjoint n'est pas tenu à demeurer dans l'habitation commune, Suppl. LXIV, 1.

L'adultère est, suivant S. Thomas, *l'impedimentum superveniens matrimonio.* Le mari est tenu de renvoyer la femme adultère, si elle ne se repent ; mais le mariage subsiste. Si elle se repent, il n'est pas tenu de la répudier, et, si c'est après qu'elle a été répudiée, il peut se réconcilier. Il peut aussi entrer en religion sans son consentement, et rendre par là la séparation irrévocable, *Thom.* suppl. LXII, 1, 2, 6.

36. Les empêchements de rapt et de clandestinité appartiennent à la discipline du concile de Trente. Le rapt de violence, non le rapt de séduction, était jusqu'au concile de Trente un empêchement perpétuel et absolu, *Gratian.* 2ᵉ pars, causa XXXVI, q. 2, cap. 4. Le concile de Trente ne laissa subsister l'empêchement que pour tout le temps où la femme n'est pas sortie du pouvoir du ravisseur, sess. XXIV, cap. 6, de Reform.

Le concile de Trente annulle, pour cause de clandestinité, tout mariage qui n'aurait pas lieu en présence du propre prêtre et de deux ou trois témoins, *de Ref.* cap. 1.   a)

a) Les princes demandèrent, par leurs ambassadeurs au concile de Trente, que la clandestinité et le rapt fussent mis au nombre des empêchements dirimants, ce qui fut fait. *Dict. Theol. dogm.* revu par Pierrot.

37. Ce qui est caractéristique dans la législation de l'Eglise, après sa doctrine propre sur le sacrement, après la grande loi de l'unité et de l'indissolubilité, après la condition du *consensus liberrimus* nécessaire au

mariage, et qui distingue ce contrat des autres contrats, loi, condition et doctrine qu'elle maintient au-dessus de tout débat, c'est la volonté constante de coordonner la société chrétienne en vue de sa fin propre, de diriger vers sa fin propre, *ad finem Ecclesiæ proprium*, les actions même de ses membres dans lesquelles il se rencontre, soit plus de spontanéité, soit la plus grande impatience de la règle et du frein. De là cette réglementation minutieuse, qui choque certains esprits trop ignorants des multiples inventions des passions humaines, ou de la part faite chaque jour à l'invraisemblable dans les événements vrais et réels. De là, les canons qui ont pour objet les fiançailles, la nullité des fiançailles par l'effet du vœu antérieur, la rupture des fiançailles par l'infidélité à la promesse donnée, *fornicatio*, par l'hérésie, par l'apostasie ; ces canons qui concernent l'affinité antérieure et postérieure au mariage, le *debitum conjugale*, cessant complètement, enlevé à l'un, demeurant à l'autre, et le reste.

Rien de plus strictement conforme aux définitions des canonistes concernant la loi ecclésisatique, son but, sa fin :

Inde materia juris, forma et finis dignoscantur:

Materia ex qua jus integratur, id est leges ; materia in qua, id est fideles ; materia circa quam, id est actiones fidelium ;

At forma est rectitudo quæ in actiones christianorum inducitur ;

Et finis duplex : *proximus*, id est recta christianorum institutio : *remotus*, id est beatitudo æterna.

§ 6. Droit français.

38. Le code Napoléon, dit M. Demolombe, n'a pas de système d'ensemble sur tous les cas de nullité en matière de contrat, ni spécialement en ce qui concerne le mariage, *Traité du mariage*, nº 238. Néanmoins, on peut admettre cette règle que toute nullité doit procéder de la loi, nº 237, ou cette autre, mais avec réserve, que les nullités du mariage ne peuvent être proposées, par voie d'action ou d'exception, que par les personnes auxquelles la loi en a expressément conféré le droit, et dans les cas qu'elle a déterminés, *Cass.* 12 nov. 1839, ou la distinction généralement admise entre le mariage nul, ou non existant, et le mariage seulement annulable, nº 240. La nullité *absolue* du mariage annulable n'est pas l'inexistence, puisque parfois elle peut se couvrir, par exemple dans le cas de l'art. 185, et que d'ailleurs elle n'est pas proposable par toute personne, *in cod.* Pour le mariage inexistant, la loi n'a pas organisé d'action, la demande et le jugement sont impossibles, et si les magistrats sont appelés à en connaître, ce sera parce qu'une partie opposera cette exception, et qu'il y aura lieu d'appliquer le principe : Personne ne se fait justice à soi-même, nº 241.

39. Le mariage, en droit civil français, est de plein droit nul sans jugement, c'est-à-dire inexistant, s'il y a soit identité de sexe, soit défaut absolu de consentement, soit défaut de manifestation solennelle du consentement devant l'officier d'état civil.   a)

a) Dans la séance du Tribunat du 26 ventose an 11, le tribun Boutteville expose la pensée qui a guidé le législateur, comme n'étant pas exclusive de la loi religieuse, mais de *l'obligation d'accomplir un acte religieux appartenant à telle croyance*, pour acquérir des droits civils. Voici ses paroles : « Les sentiments religieux aussi, ne sont pas moins dans la nature de l'homme. Chez les nations policées, tous invoquent la faveur, les bénédictions du ciel, sur l'acte le plus important de la vie, sur l'acte qui en fixe la destinée. Mais, si ces sentiments sont universels, l'expresion en est aussi variée qu'elle doit être essentiellement libre. Un sentiment, un acte religieux ne serait plus un sentiment, un acte vraiment religieux ; il ne serait plus digne de l'Être vers lequel il s'élève, s'il n'était pas l'expression la plus libre de l'âme, s'il n'était qu'un acte d'obéissance à des règlements de la puissance humaine... Il faut que le législateur sépare du contrat civil tout ce qui touche à un ordre plus relevé ; que la loi ne considère dans le mariage que le contrat civil, et laisse à la plus entière liberté de chacun ce qui appartient à des sentiments qui, plus indépendants, n'en seront que plus purs et plus respectés, *Répert. gén.* Dalloz. mariage, n° 41.

40. Les annulabilités, appelés *nullités* par le code sont : 1° relatives, ou introduites dans l'intérêt particulier de certaines personnes qui peuvent les proposer, et par la renonciation expresse ou tacite desquelles elles seront couvertes ; 2° Absolues, établies dans un intérêt général et d'ordre public, ne pouvant se couvrir ni par le temps, ni par la ratification, pouvant être proposées par toute personne ayant intérêt, et même par le ministère public, *Demolombe*, n° 243.

Deux causes de nullités relatives : Vice du consentement de l'un ou de l'autre des contractants ; Défaut de consentement de ceux qui ont puissance relativement au mariage.

Quatre causes de nullités absolues : impuberté, existence d'un premier mariage, parenté au degré prohibé ; défaut de publicité dans la célébration et incompétence d'officier d'état civil.

41. La loi française ne tient pas compte des empêchements de droit canon suivants : Le vœu, la parenté spirituelle, la disparité du culte ; le rapt (si ce n'est en le comprenant dans la violence, considérée comme viciant le consentement) ; l'honnêteté publique suite des fiançailles (mais, toutefois, l'honnêteté publique qui, en droit canon, résulte du mariage non consommé, trouve pour équivalent une affinité civile existant pour ce même cas).

La loi française ajoute au droit canon la nullité pour défaut : 1° de consentement des personnes sous la puissance desquelles les époux se trouvent relativement au mariage ; 2° de publicité dans la célébration civile et incompétence de l'officier d'état civil.

La loi française, ou la jurisprudence, admettent, ou ont admis, en les rangeant sous des titres différents, les nullités de droit canonique résultant de l'erreur, de la condition (jusqu'à la loi du 31 mai 1854, abolissant la mort civile), de la parenté, de l'affinité, du crime (art. 298 du code Napoléon, jusqu'à la loi du 8 mai 1816 abolissant le divorce), de la violence, de l'Ordre sacré (d'après les arrêts de la Cour de Cassation), du lieu, de l'*amentia*, de l'impuissance (au moins pour les impubères, et même pour les autres cas, *Demolombe*, n° 254).   a) (a L'alternative laissée à l'auteur du rapt, par l'ancien droit était celle-ci : *Aut nubere, aut mori* ; le mariage ou la mort !

4. Le Droit canon permet la *revalidation* du mariage 1° par dispense de la sacrée Pénitencerie, appliquée à l'empêchement primitivement existant et suivie du renouvellement du consentement, mais de telle sorte pourtant que l'un des conjoints peut ignorer cette revalidation qui tranquillise la conscience de l'autre ; 2° par la dispense *in radice* qu'accorde le souverain Pontife, *de Synod. Benedict. XIV*, lib. XIII, cap. 21, — *Card. Caprara, Instructio*, ann. 1803. Mais la loi française ne connaît ni la revalidation en la forme ordinaire, ni la dispense *in radice*.   a)

a) Demolombe admet, ou conseille la revalidation par un « nouveau mariage » entre mêmes personnes, devant l'officier d'état civil, en la forme accoutumée, *Traité du mariage*, n° 286.

43. La première cause d'annulabilité absolue, en droit français, est l'existence d'un premier mariage. La demande est toujours recevable, même après la dissolution de ce premier mariage, même après l'accomplissement de la prescription pour le crime de bigamie. Les deux époux même le conjoint coupable, peuvent provoquer l'annulation ; de même, du vivant de son conjoint, l'époux au préjudice duquel a été contracté le deuxième mariage ; de même le fondé de pouvoirs de l'époux absent, muni d'une preuve de l'existence de celui-ci ; de même les ascendants, par ordre d'ascendance la plus rapprochée, conformément aux principes généraux de la puissance paternelle relativement au mariage ; [si les ascendants ne sont pas nominativement compris dans l'art. 184 du code Napoléon, l'art. 186 les y montre compris réellement, puisqu'il indique le seul cas dans lequel ils ne peuvent agir] ; de même, du vivant des époux, le ministère public, dont l'action est, en outre, obligatoire, art. 190 ; de même les collatéraux, au temps où il y a pour eux intérêt né et actuel ; ou encore, selon la doctrine, le créancier hypothécaire primé par une hypothèque légale qu'il conteste, l'art. 187 n'étant pas limitatif pour les seuls collatéraux.   a) b) c) d) e) f).

a) Le mariage annulable est un mariage *imparfait*, traité provisoirement par la loi comme valable, mais infecté de nullité conditionnelle, *Mourlon*, t. 1er, n° 647 *bis*

b) Les annotateurs de Zaccharie appellent la non-existence nullité propre, et l'annulabilité nullité impropre, p. 211.

c) C'est un principe fondamental, en droit français, que l'intérêt est la condition essentielle de toute action. Nul n'est admis à agir en justice s'il n'a un intérêt, né et actuel, légitime, à faire constater et protéger. *Mourlon*, n° 658. La loi admet l'intérêt moral et l'intérêt pécuniaire. Les ascendants ont un intérêt moral, qui naît avec le mariage même, pour le maintien de la paix de l'honneur de la famille, *id*, n° 663.

d) Une nullité antérieure, c'est-à-dire une défense, le *connubium* non existant, résulte de l'adoption, art. 348, et laisse valable le mariage, s'il est néanmoins contracté. De même pour les militaires non autorisés par le ministre, ou par le conseil d'administration de leurs corps, *Décrets* des 16 juin, 3 août, 28 août, 21 décembre 1808. De même pour les individus frappés de l'interdiction légale organisée par le droit criminel, *Explication du cod. civ.*, Marcadé, tit. v. De même pour les majeurs de 25 ans, dans le cas de défaut de conseil demandé aux ascendants, *ibid.* De même pour les religieuses hospitalières autorisées en vertu du décret du 18 mars 1809, d'après l'opinion de Demolombe, *Cours de Cod. Nap.* Mariage, n° 132.

e) Le premier mariage oblige la femme à dix mois de veuvage précédant les secondes noces, art. 228, nullité antérieure qui ne produit aucun effet, si le mariage est néanmoins contracté.

f) Le Français, devenu sectateur d'un culte qui admet la polygamie, ne peut prendre deux femmes. L'étrangère régulièrement divorcée, conformément aux lois de son pays, ne peut contracter un nouveau mariage en France, *Dalloz*, n° 215, 217.

44. Les nullités absolues, sauf celle qui a pour cause l'impuberté, art. 185, ne peuvent être couvertes, mais il se peut qu'elles soient écartées par la fin de non recevoir, tirée d'un motif particulier au demandeur en nullité.

Cette distinction est importante. Le demandeur peut être non-recevable, lors même qu'il attaque ce qui manque de légalité suffisante.

La loi ignore la nullité que nul n'a invoquée, et qui ne serait pas l'inexistence.   a)

a) La nullité de l'acte de célébration, et non la nullité de mariage, sera couverte par la possession d'état, *Marcadé*, sur l'art. 196.

45. La seconde cause de nullité absolue (annulabilité) est la parenté ou l'alliance au degré prohibé, en ligne directe à l'infini, art. 161 ; en ligne collatérale au 2° degré civil, art. 162 ; et au degré d'oncle et de nièce, tante et neveu, en cas de parenté réelle, non de parenté d'alliance, art. 163. De même pour la parenté naturelle, s'il y a preuve légale, art. 162 ; et, suivant la doctrine, s'il y a preuve simplement péremptoire.

La parenté civile résultant de l'adoption laisse inattaquable le mariage, à raison du silence de la loi parlant des causes de nullités, s'il a été contracté malgré la prohibition édictée par le code.

Le commerce illégitime, constaté légalement par jugement, ou par la reconnaissance d'un enfant, produit l'affinité, d'où découle la nullité, suivant plusieurs, tandis que d'autres nient.

La dispense de parenté ou d'alliance, survenant après le mariage, ne peut le revalider.

Peuvent invoquer la nullité provenant de la cause de parenté, les époux, les ascendants, le ministère public, ceux qui ont intérêt né et actuel, art. 184, 187.

46. La troisième nullité absolue est causée par le défaut de publicité de la célébration et l'incompétence de l'officier civil, art. 191. Les éléments de publicité comprennent les deux publications, art. 63, 166 ; l'intervalle entre l'une et l'autre, art. 64 ; la célébration, à la mairie, par l'officier civil du domicile de l'une des parties ; la présence des quatre témoins, art. 75.

Bien que la nullité soit absolue, si elle vient à être prononcée, la clandestinité est laissée, comme point de fait, à l'appréciation et au pouvoir discrétionnaire des juges, art. 193. C'est un caractère spécial de cette nullité, qui peut être invoquée par les époux, les ascendants, le ministère public, ceux qui ont intérêt né et actuel.　　a)

a) L'officier d'état civil n'est, et ne peut être que le premier témoin indispensable du mariage, *Marcadé*, sur l'art. 196; il ne *marie* pas, il est *témoin*.

47. La quatrième cause de nullité absolue est le défaut de puberté légale, ou défaut d'âge, dont le caractère propre est qu'elle peut se couvrir, art. 185, et qu'elle ne peut être invoquée par les ascendants qui ont consenti au mariage, art. 186.

48. La première cause de nullité relative est le vice du consentement de l'un ou de l'autre des époux. Mais le dol et la lésion, dont l'effet ordinaire est d'entraîner une réparation pécuniaire, ou la rescission du contrat, comme équivalent et moyen de cette réparation pécuniaire, art. 1117, 1305, n'ont point d'effet pour vicier le consentement légal nécessaire au mariage.

Le consentement légal nécessaire au mariage est vicié, au contraire, par la violence (mais non par le rapt seul), art. 1111, 1112, 1113. Il est vicié par l'erreur dans la personne physique, art. 180, et dans les qualités constitutives de la personne civile, en laissant aux tribunaux l'appréciation du point de fait, ou peut-être encore dans les qualités de la personne considérée au point de vue social et moral.

L'action appartient aux époux, tous deux violentés, tous deux induits en erreur, ou à celui qui a subi la violence et l'erreur. Elle est éteinte quand il y a eu cohabitation pendant six mois après la cessation de la violence ou la reconnaissance de l'erreur, art. 181, et par la ratification expresse.　　a)　b)

a) Le défaut de consentement, lorsqu'il résulte d'un fait toléré par la loi, n'est point une cause d'annulation. Or, la loi tolère, *au point de vue du mariage*, le dol et la séduction. Il est reconnu que le mariage est le contrat dans lequel se rencontrent le plus de supercheries et de tromperies, suivant ce dicton, attribué à Loysel : « En mariage, trompe qui peut. » — Citons *Mourlon* sur ce point :

« Je n'irai point jusqu'à dire que la séduction soit légalement une cause d'annulabilité du mariage. Je reconnais pourtant, 1° qu'elle peut, dans certains cas, et *philosophiquement parlant*, porter atteinte à la liberté du consentement ; 2° qu'en principe, toute cause destructive de la liberté du consentement rend le mariage annulable ; mais à ce principe, j'apporte un tempérament : le défaut de liberté, lorsqu'il résulte d'un fait toléré par la loi, n'est point une cause d'annulation du mariage. Or, la loi tolère la séduction, puisqu'elle tolère le dol. Ainsi, de deux choses l'une: La séduction, dont se plaint l'une des parties, a-t-elle été honnête et loyale, personne assurément n'admettra que cette partie ne s'est point mariée librement. A-t-elle été coupable, c'est-à-dire environnée d'artifices que la morale condamne, de machinations frauduleuses, elle se confond alors avec le dol, et le dol ne vicie point le consentement. » *Tom.* 1er, n° 673.

b) Le dol peut autoriser la rescission des contrats. Mais le mariage ne peut être rescindé.

N. L'acte rescindable est celui qui n'est affecté d'aucun vice dans sa substance, mais que la loi permet de résoudre et rendre sans effet, pour une cause extrinsèque, *Marcadé*, sur l'art. 146.

49. La deuxième cause de nullité relative est le défaut de consentement des personnes sous la puissance desquelles étaient les époux relativement au mariage, art. 182 ; cette cause peut être invoquée par les ascendants et par l'époux qui avait besoin de consentement ; l'action ne passe pas aux autres ascendants ; la nullité est couverte par l'approbation expresse ou tacite, et par l'espace d'une année passée sans réclamation, art. 182, 183 ; mais la ratification de l'époux n'est opposable qu'à lui, et non aux ascendants, tandis que la ratification de ceux-ci est opposable à l'époux lui-même.

50. Le mariage qui serait annulable produit, entre la célébration et la cassation tous les effets civils, de telle sorte que s'il n'est jamais cassé, il continuera de les produire toujours. Le législateur crée ces effets, sans aucune cause juridique, *Marcadé*, sur l'art. 201, 2. Il ne voit que le fait extérieur non ébranlé, subsistant, et, comme il ne pénètre pas jusqu'au for de la conscience pour exiger la séparation, à raison de l'absence de tout lien subsistant *in se*, il accorde la durée au mariage apparent, et tous les bénéfices de la loi à ce concubinage légal. Il les accorde sous le titre d'effets du mariage putatif, même après la dissolution prononcée, mais en faveur de la bonne foi.

§ 7. Littérature ; Poésie ; Esthétique.

51. La littérature et l'art, qui servent d'expression à nos sentiments et à nos passions, à celles de nos idées qui sont revêtues du caractère du beau, ne pouvaient oublier le mariage.

Pascal a dit : « L'homme, seul, est quelque chose d'imparfait. » C'est un souvenir de la parole des Saintes-Écritures : Il n'est pas bon que l'homme soit seul, *Gen.* II, 18. Puis, complétant sa pensée, Pascal ajoute : « Il faut qu'il trouve un second pour être heureux », *Discours sur les passions de l'amour.*

Pour ce quelque chose d'imparfait, qui s'appelle l'homme, il existe en réalité, quoi que dise ici Pascal, deux voies différentes de perfection, la perfection dans et par la solitude, dans l'isolement d'une vie qui ne s'unit à aucune autre vie sur la terre, et la perfection dans et par l'union de deux âmes, après les années de l'adolescence, et jusqu'à la tombe.

La question du bonheur est une question distincte, une question réservée. Nous pouvons beaucoup pour notre perfection, peu pour notre bonheur.

52. La littérature n'a pas confondu, dans l'expression des idées et des passions, ce qui ne devait pas l'être, puisqu'Euripide a créé l'*Hippolyte*, et Corneille le *Polyeucte*.

« Le rôle d'Hippolyte, avec sa fierté sauvage et pudique, dit M. Patin, est difficile à comprendre pour les modernes, » *Etudes sur les tragiques grecs.* — Alliant l'idée de l'art plastique à celle de la poesie, W. Schlegel s'exprime ainsi : « Nous voyons, dans la beauté héroïque et vierge d'Hippolyte, l'image de sa mère l'Amazone et le reflet de Diane dans un mortel, » *Essais littéraires.* — Dans le 34ᵉ ch. de son *Cours de littérature dramatique*, M. Saint-Marc Girardin traite « de l'amour dans l'Hippolyte d'Euripide, de la pudeur antique et de la virginité chrétienne, » et cet énoncé justifie, par avance, notre manière d'envisager l'Hippolyte.

Suivant la remarque de M. Patin, « pour la première fois, on entendait, chez les grecs, dans l'Hippolyte d'Euripide, le langage de l'amour, que n'avaient jamais parlé ni la muse d'Eschyle, ni même celle de Sophocle. » Mais, pour la première fois aussi, le théâtre unissait ces deux choses : La chasteté du corps et de l'esprit, et la recherche de la sagesse s'élevant jusqu'à la familiarité avec les Dieux. « Je salue de loin Vénus, afin de rester pur, dit Hippolyte, *v.* 102.

Πρόσωθεν αὐτὴν ἁγνὸς ὢν ἀσπάζομαι. »

Et, plus loin, Thésée, qui croit son fils coupable, l'interpelle en ces termes : « Et tu es celui que l'on regarde comme un mortel supérieur ; admis au commerce des Dieux ! Tu es le sage élevé au-dessus des faiblesses (ou des fautes) vulgaires ! » *v.* 948,949 :

Σὺ δὴ θεοῖσιν, ὡς περισσὸς ὢν ἀνήρ,
ξύνει ; σὺ σώφρων καὶ κακῶν ἀκήρατος.

Toute la beauté du caractère d'Hippolyte est dans ce rapprochement, l'amant de la sagesse et de la pureté devenant cet ami de la divinité qui s'entretient familièrement avec Diane.

53. On a cité souvent la prière d'Hippolyte à Diane, *v.* 73 et s. : « C'est à toi, Diane, ma souveraine chérie, que j'offre cette couronne tressée par mes mains dans une fraîche prairie, que jamais le pied des taureaux ni le tranchant du fer n'ont osé violer ; l'abeille seule y voltige au printemps sur les fleurs nouvelles : un ruisseau limpide la féconde de ses eaux virginales : ceux qui ne doivent rien à l'étude, et qui ont appris la sagesse à l'école de la nature, ont seuls le droit d'en cueillir les fleurs ; les méchants en sont bannis. Reçois donc, ô chère déesse, reçois pour orner ta blonde chevelure cette couronne que t'offrent mes mains pieuses. Seul, parmi les mortels je jouis du privilége de vivre auprès de toi, de m'entretenir avec toi, et si je ne puis voir ton visage, au moins j'entends ta voix divine. Fais, je t'en conjure, que ma vie finisse comme elle a commencé. »

Ce n'est pas dans le monde présent, dira l'Apôtre, que le juste voit Dieu face à face, *sicuti est.* Euripide semble avoir deviné cette parole.

« Jusqu'à ce jour. dit plus loin Hippolyte, *v.* 1003 et s., mon corps est resté pur et chaste: je ne connais les plaisirs de l'amour que de nom, et par les peintures que j'en ai vues, et je n'ai aucun goût pour ces spectacles, car j'ai encore la virginité de l'âme, παρθένον ψυχὴν ἔχων.

Et, c'est pourquoi, Hippolyte maudit par son père, mourant victime de l'erreur de celui-ci, est consolé par la présence de Diane, qu'il ne voit pas, mais dont il reconnaît le souffle divin. « O souffle divin, quoique en proie aux douleurs, je t'ai senti, et mon corps s'en est trouvé soulagé. Oui, c'est Diane qui est en ces lieux, » *v.* 1391. Cet amant de la perfection, de la sagesse, et de la chasteté, admis à jouir, à sa dernière heure, si ce n'est de la claire vision de la divinité, du moins du sentiment si vif de sa présence, nous offre un type unique et bien digne d'attention.

54. Le Polyeucte de Corneille est marié. La passion illégitime de Phèdre, épouse de Thésée, pour Hippolyte, n'a rien de commun avec la tendresse conjugale de Pauline pour son mari. Polyeucte n'a donc pas à repousser, comme Hippolyte, un sentiment coupable, dont il ne peut sans crime entendre le langage, mais le sentiment légitime d'une épouse. Cependant, comme Hippolyte, il place la perfection propre, qui s'appelle ici la sainteté, dans la recherche de son Dieu, dans l'union intime avec son Dieu, recherche et union dont la condition première se trouve être le renoncement aux joies de l'époux, et non, encore une fois, aux joies coupables et criminelles. Polyeucte, qui vient de recevoir le baptême, a cessé à partir du baptême, d'être uniquement l'époux de Pauline, pour être chrétien. Or, il est devenu chrétien dans des jours où la persécution sévit, et c'est alors un devoir héroïque, mais un devoir inéluctable de tout sacrifier à sa foi :

> Laissez pleurer Pauline....
> Mais, à vous dire tout, ce Seigneur des seigneurs,
> Veut le premier amour et les premiers honneurs,
> Comme rien n'est égal à sa grandeur suprême,
> Il faut ne rien aimer qu'après lui, qu'en lui-même,
> Négliger, pour lui plaire, et femme, et biens, et rang. *Act I, Sc. 1.*

Polyeucte n'a pas la fierté chaste d'Hippolyte. Mais il a la grandeur incomparable du martyre. Il appartient à cette période, unique dans l'histoire, et si affligeante pour l'humanité, dans laquelle, au nom du devoir, au nom de la conscience, au nom de la perfection propre à atteindre par l'individu, le fils devait renoncer à son père, le frère à sa sœur, les enfants à leur mère, l'époux à l'épouse, et l'épouse à l'époux. La chair des chrétiens, palpitante sous la griffe des animaux féroces, le sang versé par les bourreaux, c'étaient la chair et le sang de cette foule, du milieu de laquelle on avait arraché les martyrs pour les conduire au supplice.

Ces martyrs avaient une mission. Ils étaient, bien autrement qu'Hippolyte, les initiateurs d'une sagesse nouvelle, nécessaire au salut du monde :

> Le Dieu de Polyeucte et celui de Néarque
> De la terre et Ciel est l'absolu monarque,

Seul être indépendant, seul maître du destin,
Seul principe éternel et souverain, enfin :
Sa bonté, son pouvoir, sa justice est immense,
C'est lui seul qui punit, lui seul qui récompense. *Act. III. Sc. 2.*
C'est le Dieu des chrétiens, c'est le mien, c'est le vôtre.
Et la terre et le Ciel n'en connaissent point d'autre. *Act. IV, Sc. 3.*
Je n'adore qu'un Dieu, maître de l'univers. *Act. V, Sc. 4.*

55. Le type le plus ordinaire de la littérature, ou de la fiction poétique, n'est pas, assurément l'Hippolyte, non plus que le Polyeucte, mais bien celui des âmes fiancées, d'une part, et, de l'autre, celui des âmes unies, non plus fiancées seulement, par la puissance du lien conjugal. Parmi les âmes fiancées, nous pourrions compter, chez les Grecs : Héro et Léandre, dont le poète Musée, a écrit la fable touchante et grâcieuse ; chez nous : Paul et Virginie, de Bernardin de Saint-Pierre ; Atala et René, de Châteaubriand ; et, si l'on cherche des héros à la taille de Polyeucte : Chimène et le Cid. Ne citons que Paul et Virginie, pour fournir le commenmentaire du mot de Pascal : « Il faut qu'il trouve un second pour être heureux. »

Le quelque chose d'imparfait de Pascal, et qui demeure imparfait, dit il, parce qu'il est seul, ne trouve pas, lorsqu'il a cessé d'être seul, un bonheur immuable. Mais le « second », auquel il s'est uni pour être heureux, devient son *témoin* dans ses tristesses et dans ses joies. Or, ce témoin, c'est une conscience ajoutée à la conscience isolée. L'homme heureux a besoin du témognage de sa conscience ; l'homme malheureux a besoin du témoignage de sa conscience. La conscience ajoutée, qui est un reflet de la sienne, cette conscience qui l'approuve, et le raffermit dans l'infortune, lui est un délicieux appui dans la prospérité. Lisez Bernardin de Saint-Pierre, et vous comprendrez mieux l'effet charmant et salutaire de cette vie qui se reflète dans une autre vie :

Ainsi croissaient [Paul et Virginie] ces deux enfants de la nature. Aucun souci n'avait ridé leur front ; aucune intempérance n'avait corrompu leur sang ; aucune passion malheureuse n'avait dépravé leur cœur : l'amour, l'innocence, la piété, développaient chaque jour la beauté de leur âme en grâces ineffaçables, dans leurs traits, leurs attitudes, et leurs mouvements. Au matin de la vie, ils en avaient toute la fraicheur : tels, dans le jardin d'Eden, parurent nos premiers parents lorsque, sortant des mains de Dieu, ils se virent, s'approchèrent, et conversèrent d'abord comme frère et sœur. Virginie douce, modeste, confiante, comme Eve ; et Paul, semblable à Adam, ayant la taille d'un homme, avec la simplicité d'un enfant.

Quelquefois, seul avec elle, il lui disait, au retour de ses travaux : Lorsque je suis fatigué, ta vue me délasse. Quand, du haut de la montagne, je t'aperçois au fond de ce vallon, tu me parais, au milieu de nos vergers, comme un bouton de rose. Si tu marches vers la maison de nos mères, la perdrix, qui court avec ses petits, a un corsage moins beau et une démarche moins légère. Quoique je te perde de vue à travers les arbres, je n'ai pas besoin de te voir pour te retrouver ; quelque chose de toi, que je ne puis dire, reste pour moi dans l'air où tu passes, sur l'herbe où tu t'assieds. Lorsque je t'approche, tu ravis tous mes sens. L'azur du ciel est moins beau que le bleu de tes yeux ; le chant des bengalis, moins doux que le son de ta voix. Si je te touche seulement du bout du doigt, tout mon corps frémit de plaisir. Souviens-toi du jour où nous passâmes, à travers les cailloux roulants la rivière des Trois-Mamelles. En arrivant sur ses bords, j'étais déjà bien fatigué; Mais, quand je t'eus prise sur mon dos, il me semblait que j'avais des ailes comme un oiseau. Dis-moi par quel charme tu as pu m'enchanter. Est-ce par ton esprit? Mais nos mères en ont plus que nous deux. Est-ce par tes caresses? Mais elles m'embrassent plus souvent que toi. Je crois que c'est par ta bonté. Je n'oublierai jamais que tu as marché nu-pieds jusqu'à la Rivière-Noire pour demander la grâce d'une esclave fugitive. Tiens, ma bien-aimée, prends cette branche fleurie de citronnier, que j'ai cueillie dans la forêt. Tu la mettras la nuit près de ton lit. Mange ce rayon de miel, je l'ai pris pour toi, au haut d'un rocher. Mais, auparavant, repose-toi sur mon sein, et je serai délassé.

Virginie lui répondit: O mon frère! les rayons du soleil du matin, en haut de ces rochers, me donnent moins de joie que ta présence. J'aime bien ta mère, j'aime bien la mienne; mais, quand elles t'appellent: mon fils, je les aime encore davantage. Les caresses qu'elles te font me sont plus sensibles que celles que j'en reçois. Tu me demandes pourquoi tu m'aimes; mais tout ce qui a été élevé ensemble, s'aime. Vois nos oiseaux; élevés dans les mêmes nids, ils s'aiment comme nous; ils sont toujours ensemble comme nous. Ecoute comme ils s'appellent et se répondent d'un arbre à l'autre · de même, quand l'écho me fait entendre les airs que tu joues sur ta flûte, en haut de la montagne, j'en répète les paroles au fond de ce vallon. Tu m'es cher surtout depuis le jour où tu voulais te battre pour moi contre le maître de l'esclave. Depuis ce temps-là, je me suis dit bien des fois: Ah! mon frère a bon cœur; sans lui, je serais morte d'effroi. Je prie Dieu tous les jours pour ma mère, pour la tienne, pour toi, pour nos pauvres serviteurs; mais quand je prononce ton nom, il me semble que ma dévotion augmente. Je demande si instamment à Dieu qu'il ne t'arrive aucun mal!...

56. C'est dans la personne d'Andromaque que le vieil Homère, au sixième livre de l'Iliade, nous présente le type de l'épouse, le type des âmes unies par le lien conjugal. Qu'il est beau, qu'il est admirable, le grand poëte, qui a su trouver de telles peintures, si pleines de vérité et si attrayantes !

V. 399 et s. — Andromaque est allée, durant le combat, à la citadelle d'Ilion : elle voulait suivre du regard, du haut de la forteresse, les péripéties de la bataille. Mais Hector est rentré dans la ville, et elle s'avance vers lui, avec sa suivante et l'enfant d'Hector, que les Troyens appellent Astyanax. Le guerrier contemple l'enfant avec un sourire, et garde le silence. Andromaque, près de lui, toute en larmes, et lui prenant la main, dit : Ta valeur sera la cause inévitable de ta perte. N'as-tu point de pitié de ton fils, encore enfant, de ton épouse infortunée, réservée bientôt aux larmes du veuvage? Les Grecs t'accableront. Ils se précipiteront tous ensemble contre un seul. Privée de toi, il n'y a plus de consolation pour moi, mais des tristesses. Je n'ai plus de père. J'ai perdu ma mère vénérable. Mon père a été mis à mort par Achille ; mes sept frères ont péri dans un même jour. Toi seul, tu es à la fois mon père, et ma mère vénérable, et mes frères, toi l'epoux brillant de jeunesse :

$$\text{ἀτὰρ σύ μοί ἐσσι πατὴρ καὶ πότνια μήτηρ}$$
$$\text{ἠδὲ κασίγνητος, σὺ δέ μοι θαλερὸς παρακοίτης}$$

V. 429,430.

Hector tend les bras à l'enfant, qu'effraie son casque surmonté de l'aigrette. La mère le reçoit sur son sein, en souriant à travers ses larmes. Hector est ému ; il a pitié d'elle, et lui fait une douce caresse, avec la main, *V. 483 et s.* :

> ἡ δ'ἄρα μιν κηώδεϊ δέξατο κόλπῳ
> δακρύσεν γελάσασα πόσις δ'ἐλέησε νοήσας
> χειρί τέ μιν κατέρεξεν.

Le poète n'a rien à craindre de la comparaison avec Platon parlant, dans le *Phèdre*, de l'union des âmes. C'est la simplicité, c'est la beauté biblique.

Ovide a entrevu cette beauté de l'Andromaque d'Homère. Mais il lui était plus facile d'admirer que d'atteindre à ce même degré du beau. Il dit, *Amours, liv. I, élég. IX* :

> Hector ab Andromaches amplexibus ibat in arma :
> Et, galeam capiti quæ daret, uxor erat.

57. La pure beauté biblique, c'est Rebecca, qu'Isaac prend pour femme, et qui console la douleur causée par la perte d'une mère ; c'est Rachel, la bien-aimée, conquise par les quatorze années de travail de Jacob chez Laban ; c'est Ruth, c'est Esther.

Par le don de la création poétique, Esther, environnée de la pompe du rang suprême, ainsi qu'on disait au temps de Racine, n'est pas seulement pour nous, un personnage biblique, mais une figure poétique appartenant à notre sujet. Assuérus lui dit: *Act. III, Sc. IV* :

> Oui, vos moindres discours ont des grâces secrètes.
> Une aimable pudeur à tout ce que vous faites
> Donne un prix que n'ont point ni la pourpre ni l'or.

Et dans la scène VII, Act. II, quand Esther s'avance, malgré l'ordre qui défend de paraître en présence du Roi, sans être mandé :

> Esther, que craignez-vous ? Suis-je pas votre frère ?
> — Quelle voix salutaire ordonne que je vive
> Et rappelle en mon sein mon âme fugitive ?...
> — Ne connaissez-vous point la voix de votre époux ?
> Encore un coup, vivez, et revenez à vous.
> O soleil, ô flambeau de lumière immortelle !
> Je me trouble moi-même, et sans frémissement
> Je ne puis voir sa peine et son saisissement.
> Calmez, Reine, calmez la frayeur qui vous presse.
> Du cœur d'Assuérus souveraine maîtresse,
> Eprouvez seulement mon ardente amitié...,
> Je ne trouve qu'en vous je ne sais quelle grâce
> Qui me charme toujours et jamais ne me lasse.
> De l'aimable vertu doux et puissants attraits !
> Tout respire en Esther l'innocence et la paix.
> Des chagrins les plus noirs elle écarte les ombres
> Et fait des jours sereins de mes jours les plus sombres.

58. De Racine, allons à M. Octave Feuillet, l'auteur du roman : *Un mariage dans le Monde*, et de plusieurs autres.

La donnée de perfectibilité propre dans l'isolement, c'est-à-dire l'isolement dans la vie ne devant être accepté que comme école d'une perfection plus haute (Hippolyte, Polyeucte) ; la légende gracieuse, héroïque ou pastorale des âmes fiancées (Héro, Chimène, Virginie) ; le type des âmes unies fortement et indissolublement par le lien conjugal (Andromaque, Esther) ; tout ce passé, en présence du demi-monde, qui règne, qui domine avec éclat, ou qui tend à la domination éclatante, incontestée, a trouvé un panégyriste ? non ; un avocat convaincu ? Sans doute ; mais plutôt encore un défenseur spirituel, ingénieur, aimable, abondant, disert, élégant, habile même, dans M. Octave Feuillet, à la condition, toutefois, de ne charger M. Octave Feuillet que d'un cas particulier, dont il détermine, limite et fixe les circonstances, sans permettre aisément de conclure du particulier au général. Ecoutez :

« J'ai toujours eu l'intention de me marier un jour, dit M. de Rias, comme c'est l'usage dans ma famille. Or, j'ai trente ans, et je trouve sage et décent de me présenter à l'autel, tandis que je suis encore présentable. Voilà... Reste le chapitre des objections !

« — C'est une manie qu'ont les hommes aujourd'hui, dit Mme de Veyle, de soutenir que toutes les femmes sont des monstres de naissance... C'est commode, on n'est plus responsable... Il voudrait, comme tous les hommes, du reste, qu'on lui offrît, sur un plat d'argent, un mariage sans inconvénients, sans dangers, sans mauvaises chances. Eh bien, je n'en tiens pas de ce genre-là, parce qu'il n'y en a pas.... »

59. L'avocat puissant, que la fiction romantique ne nous a pas fait rencontrer, l'histoire peut-être nous le montrerait plus facilement. La biographie de lady Russell, par M. Guizot, sous ce titre : *L'amour dans le mariage*, explique, à notre sens, comment et pourquoi le Protestantisme Anglican a été moins dissolvant, ou plus *conservateur*, que tout autre protestantisme. Tout protestantisme est négation. Toute négation mine et détruit insensiblement. La négation est un ver rongeur, dont le travail sera lent parfois, toujours certain, inévitable. Mais là où les mœurs sont demeurées fortes, les mœurs ont protégé la société, ont retenu les esprits, et, dans certaine mesure, les ont préservés d'égarement.

Les mœurs conservant sa force à l'institution du mariage, à la constitution de la famille, ont donc été profitables à l'Angleterre. L'étude sur lady Russell décrit un fait particulier, mais non un fait isolé :

« Comme il n'a point de spectacle plus charmant que celui de la passion pure et heureuse. La passion, cette explosion libre et sincère des désirs et des forces intimes de l'âme, a pour nous tant d'attrait que nous prenons à la contempler un plaisir infini, même quand elle s'offre à nous chargée d'égarements coupables, de troubles, de mécomptes et de douleurs ; mais la passion se déployant en harmonie avec la conscience, et inondant l'âme de joie, sans altérer sa beauté ni sa paix, c'est le plein essor de notre nature, la satisfaction de nos aspirations à la fois les plus humaines et les plus divines. L'union de Rachel Wriothesley et de William Russell offre ce rare et ravissant caractère...

« Elle était chrétienne, vraiment chrétienne d'esprit et de cœur, pleine de foi aux dogmes chrétiens, de soumission aux préceptes chrétiens, sans passion de secte, c'est une protestante, sans goût de dispute... On verra, quand Dieu l'aura frappée,

avec quelle rare mesure et quelle belle harmonie se conciliaient en elle les sentiments chrétiens et les sentiments humains, la piété et l'amour...

« Je suis sûre, écrit-elle à son mari, que mon bien-aimé M. Russell a voulu me
faire un extrême plaisir, quand il m'a ordonné de lui écrire aujourd'hui par la poste,
quoique nous ne nous soyons séparés que ce matin; il savait bien que rien ne pouvait m'être plus agréable que de voir qu'il ne trouvait pas que ce fût de ma part
une impertinence...

« Une autre fois, elle dit: Qu'ai-je à demander, sinon que Dieu, s'il juge bon, me
continue toutes ces joies? Et, s'il en décide autrement, qu'il me donne la force de
me soumettre, gardant un cœur reconnaissant pour ces années de félicité parfaite
que j'ai reçues de lui. Ce que j'implore ardemment de sa miséricorde, c'est que
n'importe lequel de nous partira le premier, l'autre ne se désespère pas, comme
n'ayant plus d'espérance de retrouver son ami... »

60. Après la vie d'une grande dame protestante, du dix septième siècle,
racontée par un de nos contemporains pour servir d'exemple aux générations d'aujourd'hui, l'hagiographie, qui n'est pas tenue, comme l'histoire,
à ne choisir des sujets que dans les rangs élevés de la société, nous peut
fournir le nom d'une femme du peuple, du dix-neuvième siècle, à laquelle
sans doute, les honneurs des autels sont réservés.

Anna-Maria Taïji est cette femme du peuple, notre contemporaine, dont
le nom commence déjà à être connu, et dont l'exemple peut rendre au
mariage chrétien, dans notre société, qui en a trop oublié la grandeur et
les fins, sa sainteté primitive et sa pureté. La vie d'Anna-Maria doit être
proposée aux femmes chrétiennes comme objet d'imitation. Toutes les
femmes chrétiennes devraient lire cette vie, à la fois si humble et si
grande. Et, quand les attaques portées au mariage sont si flagrantes,
(les 70,000 naissances illégitimes par an, en France, n'en sont pas la seule
preuve), Dieu, qui choisit là où il lui plait les instruments de ses vues
miséricordieuses, semble avoir suscité, par un dessein providentiel, cette
ouvrière et mère de famille, qui eut sept enfants, un mari honnête, mais
vulgaire, qui vécut sans éclat et sans bruit, et qui s'éleva si haut dans la
sainteté !

61. Le père et la mère d'Anna-Maria, originaires de Sienne, habitaient Rome. Ils étaient domestiques dans de bonnes maisons. Ce fut aussi
la condition de son mari. Enfant, elle fréquenta les écoles du peuple, chez
les *Maestre pie*. Jeune fille, elle apprit les travaux de son sexe chez deux
filles âgées, qu'elle quitta ensuite, pour gagner un peu plus et rester au
logis, en dévidant la soie. Son père la fit accepter, bientôt après, comme
femme de chambre d'une dame respectable. Puis, elle se maria à l'âge de
dix-huit ans. Elle avait prié Dieu de lui faire connaître sa volonté pour
ce mariage, auquel elle se présenta, le jour étant venu, « habillée décem-
ment et convenablement. » Dans son intérieur, elle se montra constam-
ment douce, fidèle, aimante, laborieuse, n'omettant rien de ce qui pouvait
contribuer au bien de sa maison et gagner le cœur de son époux, prati-
quant de préférence, comme vertus de son choix, une grande déférence et
une grande soumission. Elle subordonnait même ses désirs de perfection
à la volonté de son mari, et ne renonça aux anneaux, pendants d'oreilles,

parures, qu'après avoir demandé et obtenu sa permission. Même demande de permission pour faire partie des Tertiaires de la Trinité, et avec la condition stipulée de remplir d'abord ses devoirs de femme et de mère, ce qu'elle observa toujours avec prompte obéissance et entière fidélité· Aimant une retraite occupée par la prière, elle ne refusa jamais à son mari de l'accompagner à une promenade, de prendre une récréation, qui paraissait lui être très-agréable à elle-même, tant elle mettait d'empressement à ne pas montrer une volonté contraire. Sachant qu'elle les aimait, son mari lui apportait parfois quelques petites pâtisseries ; elle en acceptait le don avec plaisir et reconnaissance, y goûtait, puis trouvait le moyen, tout en causant et vaquant à ses occupations du ménage, de les réserver pour quelqu'un de la maison. Par esprit de pénitence, bien qu'elle fût sans cesse altérée, à raison d'une disposition de son tempérament, elle buvait à peine. Mais si son mari lui versait à boire, elle acceptait gracieusement, tout aussitôt. Si, cependant, il s'apercevait qu'elle n'avait pas bu, et disait : Pourquoi ne bois-tu pas? Tu t'amuses avec ton verre ; elle souriait et obéissait. Sa sollicitude pour sa famille lui faisait apporter le plus grand soin à ce que les aliments fussent toujours bien apprêtés. Sévère pour elle-même, elle n'avait que douceur et affection pour ceux qui l'approchaient. Très active dans l'accomplissement de ses devoirs de mère, elle travaillait encore lorsqu'elle gardait le lit. Elle apprit à faire des souliers, à faire des corsets. Ses désirs, ses goûts, ses craintes, ses répugnances, étaient soumis à l'empire de la raison, à l'autorité plus haute de la foi. Et, bien qu'elle ait été favorisée des dons surnaturels les plus éminents, son mari, qui a déposé dans les premières procédures pour la béatification et la canonisation, ne s'en douta jamais ; il n'apprit qu'après sa mort que c'était « une sainte », dans la plus haute acception du mot. Elle enseignait à ses enfants le catéchisme, les faisait lire et écrire, voulut que ses garçons apprissent un métier, veilla sur ses filles et les maria selon leur condition. Domenico, son mari, a fait d'elle cet éloge : « Elle était ma consolation, et celle de tout le monde. » Car, un temps vint dans Rome, où bon nombre de gens, même des rangs les plus élevés, voulaient lui demander ses prières ou des conseils, ayant ouï dire quelles étaient ses vertus. « Quelquefois, a dit encore Domenico, en rentrant pour changer d'habits, je trouvais la maison remplie de gens. Aussitôt, ma femme, laissait là tout ce monde, seigneurs et prélats, qui venaient la consulter, et elle s'empressait d'accourir pour m'essuyer et me servir, avec affabilité et contentement. On voyait bien qu'elle le faisait de tout son cœur, jusqu'à vouloir arranger les cordons de mes souliers. » Elle ne voulut jamais, même pour ses enfants, recourir au bon vouloir, ou rien accepter du bon vouloir de ces puissants qui la visitaient, et sortir elle-même, ou faire sortir ses enfants de la situation dans laquelle la Providence les avait placés. « Elle avait une foule d'infirmités, dit Domenico, mais cela ne l'empêchait pas de s'occuper de tout. Elle me faisait des pantalons, des redingotes. » Elle joignait aux gages de son mari les petits gains qu'elle pouvait réaliser, ménageait les ressources de la famille, et ne la laissait manquer de rien. Le mariage a donc été, pour elle, la voie de la perfection, elle a fait du mariage un moyen d'atteindre cette perfection ; elle a su accepter pour guide son mari, moins parfait qu'elle, et même soumettre à cet imparfait la conduite de sa perfection. Elle le regardait non-seulement comme son supérieur, mais comme un ange gardien, que Dieu lui avait donné.

Il suffit d'exposer cet idéal du mariage chrétien, réalisé en notre siècle. Toutes réflexions seraient superflues après un simple exposé.

62. Ne quittons pas l'hagiographie, et ses types de l'idéal.

Il est, dans l'hagiographie, un nom qui s'élève au-dessus de tous les autres, soit qu'il s'agisse du mariage, soit qu'il s'agisse de la virginité, soit qu'il s'agisse de la perfection et de la sainteté éminente. C'est le nom de celle qui fut donnée à S. Joseph pour épouse. Si la poésie semble désespérer d'atteindre la sublimité de sa gloire immaculée, l'art, depuis dix huit siècles, depuis S. Luc, qui a représenté ses traits, s'est inspiré de la pensée, et du nom si doux et suave de l'auguste Marie. Peintres et sculpteurs ont payé leur tribut à la femme bénie entre toutes les femmes. Il s'est rencontré une époque où, dans l'Orient, les farouches sectateurs de Mahommet proscrivaient les images, tandis que les empereurs de Constantinople mettaient à mort les défenseurs des images. Exiler l'art, bannir l'inspiration créatrice, c'était décréter la barbarie et le triomphe du sabre musulman. Le peuple chrétien, opprimé sous le joug de Constantinople, opprimé sous le joug des califes, ne put se résoudre à sacrifier les images de Marie, et l'Orient fit au moins une halte de quelques siècles dans le chemin de la décadence et de la honte.

Vouloir énumérer les œuvres d'art qui ont cherché l'expression du beau, en s'inspirant de la fille de Joachim et d'Anne, serait tenter l'impossible.

Montrons ailleurs deux types de l'idéal chrétien, revendiqués par l'art, le mariage de Sainte Catherine, l'extase de Sainte Thérèse.

Le mariage de Sainte Catherine est mystique ; il est dégagé des sens : l'époux n'est autre que l'époux divin lui-même ; c'est Jésus tout aimable qui met au doigt l'anneau nuptial, au milieu du ravissement de l'extase ; les anges n'apparaissent même pas comme témoins ; tout se passe entre l'âme et Dieu ; un rayonnement céleste indique dans la sainte, qui appartient cependant encore à la terre, la gloire prochaine des élus, pour laquelle son époux la réserve ; et, pour marquer la pureté virginale de cette alliance, le Jésus qui remet l'anneau apparaît avec les traits de l'enfance, et dans les bras de sa mère, la Reine des Vierges. Quel est le premier artiste qui a tracé ce tableau, dont les copies sont nombreuses ? Peu importe. L'idéal s'y montre, et l'art atteint une grande puissance, sans s'écarter de la simplicité.

L'extase de Sainte Thérèse, à l'église de Sainte-Marie *della Vittoria*, à Rome, près des thermes de Dioclétien, est de Bernini, et c'est son chef-d'œuvre. Ce n'est point le mariage mystique, c'est l'union de l'âme fiancée. Mais, combien Platon, et tous ceux que nous avons énumérés après lui, sont distancés par une telle œuvre Le groupe est en marbre blanc Un ange, armé d'une flèche, exprime, par sa présence et son geste, l'atteinte qui a blessé d'amour l'âme de Sainte Thérèse. Quant à l'attitude de la sainte, elle-même, comment en parler ? Ce n'est plus du marbre, un marbre animé par le ciseau de l'artiste. On ne peut dire que l'artiste a donné la vie. Mais c'est, en sens opposé, la représentation de la défaillance de l'être humain, qui se fond par l'effet de l'amour divin embrasant une âme. Rien de terrestre n'apparaît plus. L'âme semble abandonner le corps, son enveloppe. Et le corps lui-même semble quitter tout ce qu'il avait de matériel. Rien n'est plus saisissant, plus beau, plus sublime !

Il y a vingt ans, la gare de Rome, établie maintenant dans le voisinage, n'existait pas encore. Ce quartier de la ville était presque une solitude, et ce fut par hasard que nous entrâmes dans l'église *della Vittoria*, sans y chercher l'extase de Sainte Thérèse. L'impression produite par la vue de cette œuvre ne s'est pas effacée, ni amoindrie.

Laissez grandes ouvertes, pour les âmes, les voies de la perfection et de l'union à Dieu. La perfection a des degrés ; elle admet le plus et le moins. Et l'on y arrive par des chemins différents, le célibat, (qui s'appelle la virginité,) et l'union conjugale sanctifiée par le sacrement.

Mais, surtout, n'enlevez point au monde l'idée du mariage saint et sublime ; n'essayez pas de rien retrancher, pour satisfaire de vains prétextes, à la grandeur des institutions divines ; n'ébranlez pas l'édifice moral et social, qui, dans le passé, abritait les vertus antiques et le bonheur des générations se succédant au foyer des aïeux : C'est notre conclusion.

Note A.

La 3ᵉ commission d'initiative parlementaire, après examen de la proposition de M. Naquet, député, pour le rétablissement du divorce, a chargé du Rapport M. Constans, député, dont le travail se résume ainsi :

Le mariage est une loi non-seulement bienfaisante, mais nécessaire. Il peut, cependant, entraîner après lui des malheurs particuliers qui nous émeuvent. On lui reproche, sans raison, d'enchaîner, par une erreur de principe, la liberté humaine, qui est inaliénable, ainsi que l'ont reconnu, dit-on, nos législateurs en prohibant les vœux religieux.

La question préjudicielle de l'opportunité peut se résoudre ainsi. L'opinion, si l'on entend ce mot dans son sens général et vrai, est profondément hostile à l'idée du divorce. Or, ce n'est pas là une réforme politique, mais une réforme sociale, c'est-à-dire une de celles qui touchent aux mœurs, et qui ne peuvent être tentées tant que les mœurs les repoussent. Un grand trouble dans les consciences, un effroi irréfléchi de l'avenir, une diminution de confiance dans le pays seraient les suites non pas seulement du vote, mais de la simple mise en discussion.

Pour quelques uns, le divorce suppose l'indissolubilité du mariage, comme une règle, à laquelle il n'est dérogé qu'en certains cas extraordinaires Ainsi entendu, il a trouvé des partisans dans nos assemblées délibérantes. Mais pour d'autres, dont l'opinion est reproduite par la proposition de M. Naquet, le divorce seul est un principe : sous des formes et sous des termes déguisés, c'est la suppression du mariage et la pleine reconnaissance des unions libres.

M. Naquet, s'autorise de la nullité du contrat personnel qui voudrait constituer l'esclavage. Mais le mariage cessant par la volonté des conjoints serait un contrat potestatif, nul d'après nos lois, *cod. civ 1174*, comme d'après la nature des choses.

L'union de l'homme et de la femme est de droit naturel. Pour qu'elle existe, il lui faut la certitude et la durée. Elle a besoin d'une égale dignité, d'une égale sécurité, d'une égale confiance, c'est-à-dire de l'indissolubilité qui en est la base. Entre le mariage et l'union que dissout la libre volonté, il y a la distance qui sépare le caprice du devoir. M. Naquet admet le devoir perpétuel d'aimer, soigner, soutenir les enfants. Ce devoir contracté en commun, par le fait de l'union, suppose et nécessite la perpétuité de l'engagement.

Enfin, la dignité égale dérive d'une situation égale. Si la femme peut craindre, après les années de sa jeunesse, l'abandon du mari, si elle est à sa merci, « vous aurez une concubine, une complaisante asservie à vos caprices, vous n'aurez pas une femme,

Note B.

Tandis que s'achève l'impression de cette étude sur le mariage, destinée à en faire ressortir la valeur comme institution fondamentale de la société, et à en faire comprendre les devoirs, dans leur harmonie avec les lois de la perfection et de la sainteté, la campagne entreprise en faveur du divorce se poursuit.

Nos lecteurs ignorent qu'une Revue paraît sous ce titre : l'*Avenir des femmes*. Elle est acquise à la cause du divorce, et se propose d'établir un courant d'opinion dans ce sens.

M. Naquet, le député de Vaucluse, a fait un livre de son projet de loi sur le divorce. Lui aussi, il espère créer de cette façon un courant favorable d'idées. Il fait cet aveu dans son Avant-propos : « Le divorce étant une loi faite en vue de la *très grande minorité* n'intéresse que médiocrement ceux qui sont heureux en ménage et qui n'en ont aucun besoin. » Autre remarque assez curieuse : M. Naquet dit et pense qu'au temps où la législation de l'Eglise régissait seule le mariage, cette législation était « infiniment plus libérale que notre Code. » Le mariage civil, selon lui est devenu « une loi plus oppressive que le mariage religieux. »

CLERMONT-OISE. — IMPRIMERIE A. DAIX, RUE DE CONDÉ, 27.

CLERMONT (OISE). — IMP A. DAIX, RUE DE CONDÉ, 27.